66 키득키득 고사성어 유래 만화

필요할 때 딱 쓰는 어린이 고사성어

필요할 때 딱 쓰는 어린이 고사성어

지은이 강승임
펴낸이 정규도
펴낸곳 (주)다락원

초판 1쇄 발행 2020년 11월 30일
    2쇄 발행 2022년 12월 20일

편집총괄 최운선
기획편집 김유진, 서정은
디자인 전현주
일러스트 윤병철

다락원 경기도 파주시 문발로 211
내용문의 (02) 736-2031 내선 273
구입문의 (02) 736-2031 내선 250~252
Fax (02) 732-2037
출판등록 1977년 9월 16일 제406-2008-000007호

Copyright © 2020, 강승임

저자 및 출판사의 허락 없이 이 책의 일부 또는 전부를 무단 복제·전재·발췌할 수 없습니다.
구입 후 철회는 회사 내규에 부합하는 경우에 가능하므로 구입문의처에 문의하시기 바랍니다.
분실·파손 등에 따른 소비자 피해에 대해서는 공정거래위원회에서 고시한
소비자 분쟁 해결 기준에 따라 보상 가능합니다. 잘못된 책은 바꿔 드립니다.

값 14,500원
ISBN 978-89-277-4760-4 73710

http://www.darakwon.co.kr
다락원 홈페이지를 통해 인터넷 주문을 하시면 자세한 정보와 함께 다양한 혜택을 받으실 수 있습니다.

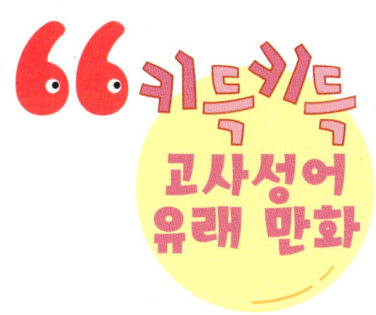

키득키득
고사성어
유래 만화

필요할 때 딱 쓰는
어린이 고사성어

글 강승임
그림 윤병철

다락원

누가 표현력 천재가 될까?

아기가 입으로 첫 단어를 말하기까지 가장 많이 겪는 일이 뭘까요?
바로 '**듣기**'예요. 그것도 한 번이 아니라 **백 번, 천 번**을 넘게 듣지요.
그러다 보면 어느새 그 말을 **자기 것**으로 만들어서
스스로 **입 밖**으로 꺼낼 수 있어요.

어린이가 **새로운 말**과 **표현**을 배울 때도 마찬가지예요.
자주 접해서 표현이 **익숙해**지면, 말이 입 밖으로 저절로 나와요.

그런데 **고사성어**는 표현을 그냥 듣기만 해서는
내 것으로 만들기가 어려워요.
숨은 뜻을 가지고 있기 때문이지요.
고사성어는 그 안에 **옛날이야기**를 품고 있기 때문에
그 이야기를 알지 못하면 뜻을 도무지 추측하기 어려워요.
그래서 고사성어에 숨은 이야기를 **명랑 만화**로 쉽게 풀어냈어요.
진짜 유래를 그대로 살리려고 노력했고요.
진짜를 알아야 **내 것**으로 만들 수 있으니까요!

그럼 **표현력 천재**는 누가 될 수 있을까요?

'**스스로 입 밖으로 소리를 내는 사람!**'
그 사람이 바로 표현력 천재가 될 수 있어요!

옛날 말을 알기만 하면 소용이 없어요.
아기가 '**맘마, 엄마, 아빠, 까까**'를 기억하고 있다가 **필요할 때 딱!**
입 밖으로 **소리** 내어 말하듯이 우리도 소리를 내야 해요!
고사성어를 배우는 이유는 **써먹기 위해서**잖아요.
어디에서 유래되었는지 알고, 언제 써야 할지 기억해 놓았다가
이때다! 하는 순간에 **딱!** 써 보세요.
그게 바로 **표현력 천재**로 가는 **지름길**이에요!

자, 이제 표현력 천재가 될 준비가 끝났나요?
즐거운 마음으로 고사성어 책을 읽으며 표현력을 쑥쑥 키워 봅시다!

글쓴이 **강승임**

"고사성어가 뭐예요?

우리말에는 한자어가 아주 많아요.
훈민정음이 창제되기 전 우리글이 없었을 때,
우리는 한자를 빌려서 말을 표기했어요.
이때 한자 어휘를 많이 사용했기 때문에 우리말에 한자어가 남아 있는 거예요.

이 한자어 중에서 오랫동안 굳어져 한 단어처럼 쓰이는 말을 한자성어라고 해요.
한자성어는 주로 옛사람들이 어떤 상황을 간단히 표현하거나
가르침을 주기 위해 만든 말이에요.
이 한자성어 중에서 네 글자로 된 것을 사자성어라고 하지요.

그럼 고사성어는 뭐냐고요?

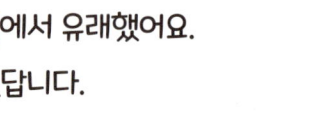

고사성어는 한자성어 중에서 역사적인 사건이나
옛날이야기에서 유래한 말이에요.
'고사(故事)'가 오래된 일, 또는 옛날이야기라는 뜻이거든요.
한자는 중국에서 온 글자기 때문에
고사성어는 대부분 중국 역사나 이야기에서 유래했어요.
물론 우리 조상들이 만든 고사성어도 있답니다.

이제 한자성어, 사자성어, 고사성어의 의미를 구별할 수 있겠죠?
옛사람들이 가르침을 주기 위해 만든 한자성어 중에
네 글자로 된 것은 사자성어! 옛날이야기에서 생겨난 말은 고사성어!

직접 구별해 볼까요?

'한 가지 일을 해서 두 가지의 이득을 본다'라는 뜻을 가진
'일거양득(一擧兩得)'이라는 말이 있어요.
이 말은 호랑이 두 마리가 서로 싸우다가
한 마리는 죽고 한 마리는 힘이 빠져서
장사가 손쉽게 호랑이 두 마리를 다 얻은 이야기에서 생겨난 말이에요.
이와 비슷한 말로 '일석이조(一石二鳥)'라는 성어가 있는데,
이 말에는 옛날이야기가 없어요.

이럴 때, 이야기가 있는 '일거양득'은 고사성어예요.
그러나 이야기가 없는 '일석이조'는 한자성어 또는 사자성어라고 해야 한답니다!

자, 그럼 우리는 이야기가 있는 고사성어를 즐기러 떠나 볼까요? 고고고!

이럴 땐 이런 고사성어!

내 마음을 어떻게 표현하지?

1 태도와 감정에 관한 고사성어 ··· 12

놓치지 않을 거야!

2 욕심과 어리석음에 관한 고사성어 ··· 34

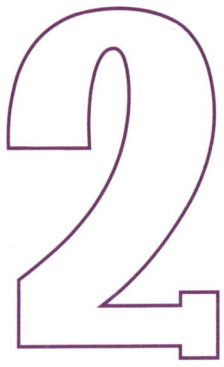

이런 사람에게는 따끔한 말을!

3 꾀에 관한 고사성어 ··· 56

입조심! 몸조심!

4 말과 행동에 관한 고사성어 ··· 78

이 상황을 한마디로!

5 상황에 관한 고사성어 ··· 100

끝날 때까지
끝난 게
아니다!

6 위기와 도전에 관한 고사성어 … 122

쨍하고
해 뜰 날이
올까?

7 노력과 성공에 관한 고사성어 … 144

나 때는
말이야!

8 공부에 관한 고사성어 … 166

너랑 나랑은
무슨 사이?

9 관계에 관한 고사성어 … 188

이런 사람,
저런 사람,
만나 보자!

10 인물에 관한 고사성어 … 210

부록

+ 알고 보면 자주 쓰이는 사자성어 … 234
+ 찾아보기 … 254

우리 책 이렇게 보세요

초등 필수 고사성어 **100개**를 주제별로 **10개씩**!

고사성어의 **주인공**은 누구?

01 죽어서도 은혜를 갚은 노인 이야기

결초보은

結草報恩
맺을 **결** 풀 **초** 갚을 **보** 은혜 **은**
→ 풀을 묶어서 은혜를 갚다

어떤 한자, 무슨 뜻일까?

진짜 유래를 알려 주마!

그래서 언제 쓴다고? 필요할 때 딱 쓰자!

'결초보은' 뜻

고사성어의 **숨은 뜻**을 샅샅이 밝혀라!

은혜를 입으면 고마워하고, 꼭 **갚으려는 마음**을 가져야 해요. 그것이 사람으로서 지켜야 하는 도리지요. 이 이야기의 노인은 죽어서 혼이 되었어도 은혜를 잊지 않고 갚았어요.

입은 은혜에 꼭 보답할 때나 은혜를 모르고 배신하는 사람을 꼬집을 때 쓰는 말이에요.

실제상황 퀴즈

삐뽀삐뽀 **실제 상황** 발생! 언제 쓸지 골라 보자!

'결초보은'의 뜻이랑 딱 어울리는 상황에 ✓

① 어릴 때 친했던 친구가 따돌림을 당하자 나에게도 피해가 올까 봐 모른 척할 때 ☐

② 내가 아플 때 걱정해 준 친구를 기억했다가 그 친구가 아픈 것을 보고 약을 챙겨 줄 때 ☐

접어서 **정답** 해제!

따/라/쓰/기   結 草 報 恩

내 마음을
어떻게
표현하지?

1 태도와 감정에 관한 고사성어

01 **결초보은** 結草報恩
02 **노심초사** 勞心焦思
03 **동병상련** 同病相憐
04 **득의양양** 得意揚揚
05 **망양지탄** 望洋之歎
06 **맥수지탄** 麥秀之歎
07 **반포지효** 反哺之孝
08 **삼고초려** 三顧草廬
09 **오매불망** 寤寐不忘
10 **전전긍긍** 戰戰兢兢

01 죽어서도 은혜를 갚은 노인 이야기

결초보은

結草報恩

맺을 **결** 풀 **초** 갚을 **보** 은혜 **은**

→ 풀을 묶어서 은혜를 갚다

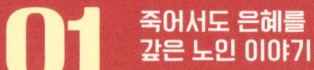

'결초보은' 뜻

은혜를 입으면 고마워하고,
꼭 **갚으려는 마음**을 가져야 해요.
그것이 사람으로서 지켜야 하는 도리지요.
이 이야기의 노인은 죽어서 혼이 되었어도
은혜를 잊지 않고 갚았어요.
**입은 은혜에 꼭 보답할 때나
은혜를 모르고 배신하는 사람을
꼬집을 때 쓰는 말**이에요.

실제상황 퀴즈

'결초보은'의 뜻이랑 딱 어울리는 상황에 ✓표 하세요.

① 어릴 때 친했던 친구가 따돌림을 당하자
   나에게도 피해가 올까 봐 모른 척할 때 ☐

② 내가 아플 때 걱정해 준 친구를 기억했다가
   그 친구가 아픈 것을 보고 약을 챙겨 줄 때 ☐

   結　草　報　恩

02 물을 다스리는 법을 고민한 '우임금' 이야기

노심초사

勞心焦思
일할 **노** 마음 **심** 탈 **초** 생각 **사**
→ 마음을 쓰며 속을 태우다

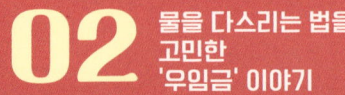

순 임금: 자네 아비는 홍수 때문에 죽었어. 자네도 실패하면 같은 운명이 될 거야!

우: 그렇게 심한 말을…

홍수를 막을 방법을 찾을 때까지 들어가지 않을 것이다.

어찌하여 밖에 계십니까?

10년 후 — 그러게. 그놈의 홍수 때문에 얼마나 마음을 쓰고 속을 태우시는지 몰라.

주인님 얼굴이 말이 아니야.

또 3년 후 — 폐하, 물길을 만들면 물이 빠지니 홍수를 막을 수 있습니다.

그래…! 네가 13년 동안 애쓴 보람이 있구나.

'노심초사' 뜻

갑자기 큰일에 맞닥뜨리거나
꼭 해결해야 할 문제가 생기면
저절로 거기에 온 마음을 쓰게 돼요.
문제를 해결하려고 정신을 쏟고
일이 잘못될까 봐 마음을 써서
걱정하기도 하죠.
어떤 일에 대해 마음속으로 애를 쓰고
생각이 많아 속이 탈 때 쓰는 말이에요.

실제상황 퀴즈

'노심초사'의 뜻이랑 딱 어울리는 상황에 ✓표 하세요.

① 전학 가는 날 친구들과 헤어지는 게 아쉬워서 슬플 때 ☐

② 반장 선거를 끝내고 투표 결과를 기다릴 때 ☐

   勞 心 焦 思

03 같은 처지의 백비를 도운 '오자서' 이야기

동병상련
同病相憐
같을 **동** 병 **병** 서로 **상** 불쌍히 여길 **련**

→ 같은 병을 가진 사람끼리 서로 가엾게 여기다

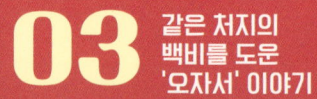

'동병상련' 뜻

같은 병에 걸린 사람끼리는
서로를 더 **잘 이해**할 수 있어요.
어디가 아프고 어떤 어려움이 있는지 아니까
서로 딱하게 여기며 **위하는 마음**이 절로 생기지요.
<mark>비슷한 처지에 놓이거나 비슷한 고통을 겪는 사람끼리
서로 가엾게 여기는 마음이 들 때 쓰는 말</mark>이에요.

실제상황 퀴즈

'동병상련'의 뜻이랑 딱 어울리는 상황에 ✓표 하세요.

① 시험공부를 하나도 안 해서 걱정하고 있는데
   짝꿍도 안 했다며 같이 걱정할 때 ☐

② 동생이 감기에 걸려서 아픈데
   나는 안 아프다며 동생을 놀릴 때 ☐

| 따/라/쓰/기 | 同 | 病 | 相 | 憐 |

04 우쭐하고 뽐내기 좋아하던 마부 이야기

득의양양
得意揚揚

얻을 **득** 뜻 **의** 날릴 **양** 날릴 **양**

→ 뜻한 바를 이루어 우쭐거리며 뽐내다

'득의양양' 뜻

몹시 바라던 일을 이루면 어떤 기분이 들까요?
대회에 나가 1등을 하거나 반장으로 당선되거나
게임에서 최고점을 달성하면 아주 **기쁘고 행복**할 거예요.
마치 하늘을 나는 것처럼 **우쭐**하고
누구에게라도 **뽐내고** 싶겠죠.
==원하던 바를 이루어 매우 만족하는 모습을
나타내는 말==이에요.

실제상황 퀴즈

'득의양양'의 뜻이랑 딱 어울리는 상황에 ✓표 하세요.

① 놀이터에서 형들에게 그네를 뺏겨 시무룩하게 집으로 돌아올 때 ☐

② 인형 뽑기에서 모두 탐내는 펭귄 인형을 뽑았을 때 ☐

따/라/쓰/기 得 意 揚 揚

05 바다를 보고 놀란 강의 신 '하백' 이야기

망양지탄

望洋之歎

바랄 **망** 　큰 바다 **양** 　어조사 **지** 　탄식할 **탄**

→ 큰 바다를 바라보며 하는 감탄

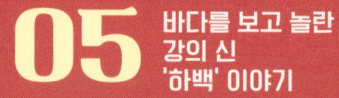

'망양지탄' 뜻

바다를 본 적이 없는 사람은
바다가 **얼마나 넓은지** 감히 상상하기 어려워요.
아주 큰 강도 바다만큼은 넓지 않지요.
수평선이 한없이 펼쳐진 **바다를 보면**
절로 **감탄**이 나올 거예요.
**다른 사람의 위대함을 보고 자기의 부족한 점을
부끄러워한다는 말**이에요.

실제상황 퀴즈

'망양지탄'의 뜻이랑 딱 어울리는 상황에 ✓표 하세요.

① 우리 반에서는 내가 수학 천재였는데
   6학년 수학 문제를 보니 너무 어려울 때 ☐

② 엄마와 함께 마트에 가서 장 보는 걸 도와드릴 때 ☐

따/라/쓰/기   望 洋 之 歎

맥수지탄

麥秀之歎

보리 **맥** 빼어날 **수** 어조사 **지** 탄식할 **탄**

→ 보리가 무성하게 자란 것에 대한 탄식

'맥수지탄' 뜻

아주 번성했던 **나라**가 **망**하고
수도였던 곳에 풀만 무성하게 남아 있다면
한숨이 절로 나올 거예요.
나라를 지키지 못한 지배층에 대한 원망과
나라를 잃은 슬픔이 마음속에 가득하겠지요.
나라가 망한 것을 탄식한다는 말이에요.

 실제상황 퀴즈

'맥수지탄'의 뜻이랑 딱 어울리는 상황에 ✓표 하세요.

① 신라의 도읍지였던 경주에 가서
   유물이 띄엄띄엄 남아 있는 것을 보았을 때 ☐

② 친구가 학교에 가져온 보리 건빵을 함께 나누어 먹을 때 ☐

따/라/쓰/기 麥 秀 之 歎

07 까마귀의 효성을 전한 '이밀' 이야기

반포지효

反哺之孝

돌이킬 **반** 먹일 **포** 어조사 **지** 효도 **효**

→ (까마귀가 늙은 어미 새에게 먹이를) 도로 먹여 주는 효성

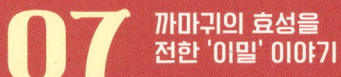

'반포지효' 뜻

까마귀는 새끼가 알에서 깨면 60일 동안 먹이를 물어다 준대요.
그 까마귀 새끼가 자라고 나면
역시 60일 동안 **어미 새**에게 **먹이**를 물어다 주고요.
이렇게 까마귀는 어미가 길러 준 **은혜**에 **보답**하지요.
자식이 자라서 부모를 보살피고 효도한다는 말이에요.

실제상황 퀴즈

'반포지효'의 뜻이랑 딱 어울리는 상황에 ✓표 하세요.

① 엄마가 아파서 누워 계시자
   언니와 함께 죽을 끓여서 드릴 때 ☐

② 글짓기 대회에 나가는 날 늦잠을 자서 지각했을 때 ☐

 反 哺 之 孝

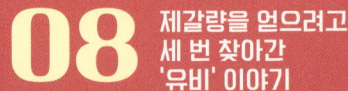

삼고초려

三顧草廬

석 **삼** 돌아볼 **고** 풀 **초** 오두막집 **려**

→ 풀로 지은 오두막집을 세 번이나 찾아가다

'삼고초려' 뜻

제갈공명은 어리지만 배움이 깊고 매우 지혜로웠어요.
그래서 유비가 그를 얻기 위해
세 번이나 **직접** 집으로 찾아갔지요.
제갈공명은 이런 유비의 **정성**에 **감동**하여
마침내 유비를 따라나섰어요.
**뛰어난 인재를 얻으려면 겸손한 마음으로
정성을 다해야 한다는 말**이에요.

실제상황 퀴즈

'삼고초려'의 뜻이랑 딱 어울리는 상황에 ✓표 하세요.

① 숙제를 도와준 친구에게 보답하기 위해
  마카롱을 선물로 줄 때 ☐

② 뛰어난 선수를 팀에 데려오기 위해
  여러 번 러브콜을 보낸 감독의 기사를 읽을 때 ☐

따/라/쓰/기 三 顧 草 廬

09 오매불망

연인을 잊지 못해 그리워하는 남자 이야기

寤寐不忘

깰 **오** 잘 **매** 아닐 **불** 잊을 **망**

→ 깨어 있을 때나 자고 있을 때나 잊지 못하다

'오매불망' 뜻

누군가를 아주 좋아하면 언제 어디서나 **보고 싶은 마음**이 간절해요.
밤에 잠을 자려고 눈을 감아도
그 사람의 얼굴이 떠올라 **그리움**에 잠 못 들기도 하지요.
사랑하는 사람을 그리워하거나 근심 걱정으로 생각이 많아 잠 못 들 때에 쓰는 말이에요.

실제상황 퀴즈

'오매불망'의 뜻이랑 딱 어울리는 상황에 ✓표 하세요.

① 전학 간 단짝 친구가 보고 싶어서
   다시 만날 날을 기다릴 때 ☐

② 오빠가 여름 방학 캠프를 떠나서
   3일 동안 태블릿 PC를 내가 쓸 수 있을 때 ☐

따/라/쓰/기 寤 寐 不 忘

10 전전긍긍

벌벌 떨며 임금을 두려워하는 신하들 이야기

戰戰兢兢

싸울 **전** 싸울 **전** 삼갈 **긍** 삼갈 **긍**

→ 두려워하고 벌벌 떨며 삼가고 조심하다

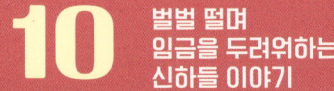

'전전긍긍' 뜻

덩치가 큰 호랑이 옆을 지나갈 때 우리의 마음이 어떨까요? 무척 두렵고 **조마조마**할 거예요.
호랑이에게 잡아먹힐까 봐 **벌벌** 떨며 몸을 움츠려 **조심조심** 비껴가겠지요.
불안함을 느끼고 두려워하며 조심하는 태도를 나타내는 말이에요.

실제상황 퀴즈

'전전긍긍'의 뜻이랑 딱 어울리는 상황에 ✓표 하세요.

① 태풍이 온다는 소식에 창문을 닫고 미리 대비할 때 ☐

② 엄마 몰래 휴대폰 게임을 하고 들통날까 봐 마음이 조마조마할 때 ☐

 戰 戰 兢 兢

놓치지 않을 거야!

2 욕심과 어리석음에 관한 고사성어

11	각주구검 刻舟求劍	**16**	수주대토 守株待兔
12	과유불급 過猶不及	**17**	어부지리 漁夫之利
13	교각살우 矯角殺牛	**18**	연목구어 緣木求魚
14	사족 蛇足	**19**	일거양득 一擧兩得
15	소탐대실 小貪大失	**20**	조삼모사 朝三暮四

11 강에 빠뜨린 검을 찾으려고 배에 표시한 젊은이 이야기

각주구검

刻舟求劍

새길 **각** 배 **주** 구할 **구** 칼 **검**

→ 배에 표시를 새겨 칼을 찾는다

'각주구검' 뜻

배를 타고 강을 건너다가 강에 칼을 빠뜨린 사람이 있어요.

그 사람은 물건을 빠뜨린 자리를 배에 표시 하더니 나중에 그 자리에서 물건을 찾을 거래요.

하지만 배가 움직이고 나면 표시한 곳 아래에는 칼이 없지요.

어리석고 미련하여 상황에 대처하는 융통성이 없다는 말이에요.

'각주구검'의 뜻이랑 딱 어울리는 상황에 ✓표 하세요.

① 동생이 미술 숙제를 하는데 하늘색이 없다며 하늘을 끝까지 안 칠할 때 ☐

② 여름에 부채를 안 가져온 짝꿍이 책받침으로 부채질을 할 때 ☐

| 따/라/쓰/기 | 刻 | 舟 | 求 | 劍 |

12 제자가 치우치지 않기를 바란 '공자' 이야기

과유불급

過猶不及

지나칠 **과** 같을 **유** 아닐 **불** 미칠 **급**

→ 지나친 것은 미치지 못한 것과 같다

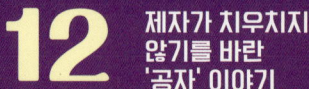

'과유불급' 뜻

말이 너무 많은 것과 너무 적은 것,
또 무조건 주는 것과 절대 주지 않는 것,
둘 중에 어느 쪽이 더 올바른 태도일까요?
무슨 일이든 **지나친 것**은 거기에
미치지(닿지) **못한 것**과 같아요.
지나치거나 모자람 없이
한쪽으로 치우치지 않은 상태가 좋다는 말이에요.

어제 뭐 했길래
시험 시간 내내
잠만 자는 거야?

밤새 공부했대요

'과유불급'의 뜻이랑 딱 어울리는 상황에 ✓표 하세요.

① 친구와 다툰 후 서로 말을 안 했는데
　나도 모르게 친구에게 말을 걸었을 때　☐

② 다이어트한다고 밥을 아예 안 먹고 버티다가
　아파서 병원에 실려 갈 때　☐

| 따/라/쓰/기 | 過 | 猶 | 不 | 及 |

13 뿔을 바로잡으려다 소를 죽인 농부 이야기

교각살우

矯角殺牛

바로잡을 교 · 뿔 각 · 죽일 살 · 소 우

→ 뿔을 바로잡으려다가 소를 죽인다

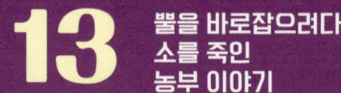

'교각살우' 뜻

옛날 중국에서는 뿔이 곧게 자란 소로 제사를 지냈대요. 그래서 소의 뿔이 휘면 값어치가 없을까 봐 곧게 펴려는 사람이 있었지요. 하지만 그러다가는 소를 잡을 수 있어요. '빈대 잡으려고 초가삼간 태운다'라는 속담과 같은 뜻이지요.

작은 흠이나 결점을 고치려다 도리어 일을 그르친다는 말이에요.

'교각살우'의 뜻이랑 딱 어울리는 상황에 ✓표 하세요.

① 강아지에게 억지로 배변 훈련을 시키다가 강아지가 스트레스로 배탈이 났을 때 ☐

② 저녁 식사를 준비하시는 부모님을 돕기 위해 식탁에 수저를 놓을 때 ☐

따/라/쓰/기   矯　角　殺　牛

41

14 뱀을 잘 그리려고 발까지 그린 하인 이야기

사족

蛇足

뱀 **사** 발 **족**

→ 뱀의 발

'사족' 뜻

말할 때 핵심만 콕 집어 말하지 않고
쓸데없이 이 말, 저 말을 더하는 사람이 있어요.
굳이 하지 않아도 될 말을 하는 것이지요.
일할 때도 마찬가지예요.
괜히 **시키지도 않은 일**을 하면
더 번거로워질 수 있어요.
쓸데없는 행동이나 말을 해서
일을 망친다는 말이에요.

###

'사족'의 뜻이랑 딱 어울리는 상황에 ✓표 하세요.

① 떡볶이를 너무 좋아해서 분식집 앞에만 가면
  어쩔 줄을 모를 때 ☐

② 좋아하는 친구에게 고백하려다가
  그 친구의 단점까지 말해 버렸을 때 ☐

따/라/쓰/기	蛇	足	蛇	足

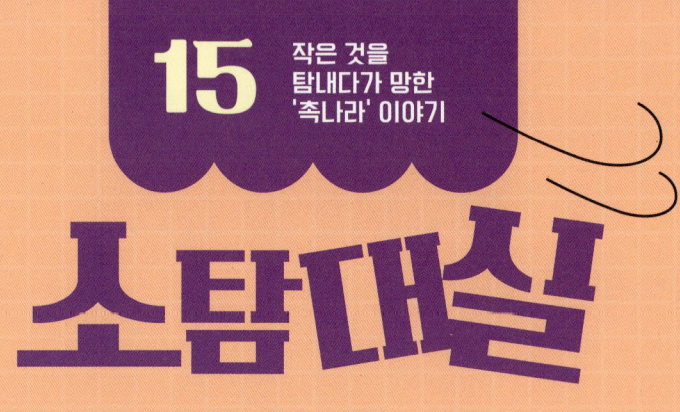

15 작은 것을 탐내다가 망한 '촉나라' 이야기

소탐대실

小貪大失
작을 **소** 탐낼 **탐** 큰 **대** 잃을 **실**

→ 작은 이익을 탐내다가 큰 손해를 입는다

'소탐대실' 뜻

손해나 피해를 보고 싶은 사람은 없어요.

하지만 **눈앞에 이익**이 보이면 그것에 정신이 팔려 나중에 어떤 **손실**이 있을지 따져 보지 못하게 되지요.

시험 기간에도 당장은 놀고 싶고,

맛있는 음식이 있으면 일단 먹고 싶은 것처럼요.

작은 이익을 탐하다가
오히려 큰 손해를 보게 된다는 말이에요.

실제상황 퀴즈

'소탐대실'의 뜻이랑 딱 어울리는 상황에 ✓표 하세요.

① 공기놀이에 이기고 싶어서 친구를 속였다가 들통나서 친구와 사이가 멀어질 때 ☐

② 자전거를 타거나 과자를 먹는 소소한 일에도 만족하며 행복을 느낄 때 ☐

| 따/라/쓰/기 | 小 | 貪 | 大 | 失 |

16 그루터기 옆에서 토끼가 죽기를 기다리는 농부 이야기

수주대토

守株待兎

지킬 **수** 그루터기 **주** 기다릴 **대** 토끼 **토**

→ 그루터기를 지키며 토끼를 기다리다

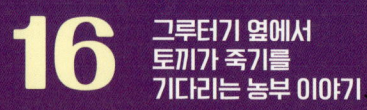

아휴, 힘들어.

어?! 아이고, 놀라라!

쿵 꼴까닥

뭐하러 힘들게 일해? 여기에서 토끼나 기다려야지!

이게 웬 떡이야? 공짜로 살찐 토끼를 얻다니!

운수대통

그 후

점점 폐인이 되어 가네…. 쯧쯧.

'수주대토' 뜻

어쩌다 **운수**가 **좋은 날**에는
노력하지 않고도 좋은 일이 생길 수 있어요.
그런데 **매일** 그날과 같을 거라고 **기대**하며
행운만 바라다가는 **큰코** 다칠 수 있어요.
또, 아무리 좋은 방법이라도 옛날 방식만 고집하는 건
더 높이 나아갈 기회를 차 버리는 것과 같아요.
==한 가지 일에만 얽매여 발전을 모르고==
==융통성 없이 고집을 부린다는 말==이에요.

실제상황 퀴즈

'수주대토'의 뜻이랑 딱 어울리는 상황에 ✔표 하세요.

① 줄넘기하는 내 모습에 반한 친구에게 고백받은 후
  틈만 나면 운동장에 가서 줄넘기할 때 ☐

② 정성 들여 쌓은 블록이 무너졌다고
  가족들에게 계속 짜증을 부릴 때 ☐

따/라/쓰/기 守 株 待 兎

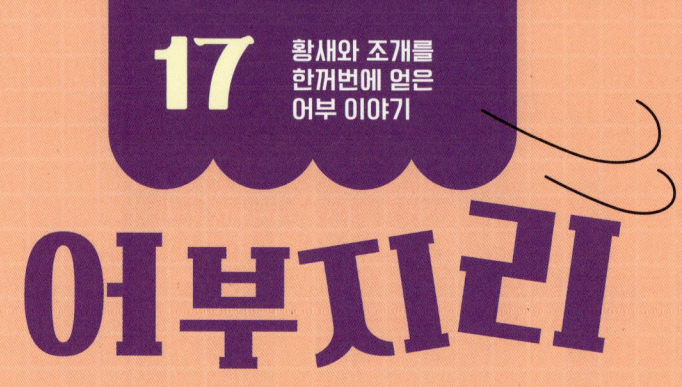

17 황새와 조개를 한꺼번에 얻은 어부 이야기

어부지리

漁夫之利

고기 잡을 **어** 지아비 **부** 어조사 **지** 이로울 **리**

→ 어부의 이득

'어부지리' 뜻

한 가지 이득이나 목표를 두고 **두 사람**이 **경쟁**한다면
누가 그것을 얻을 수 있을까요?
당연히 경쟁에서 이기는 사람이어야 할 텐데,
자칫 싸움이 길어지거나 승부가 나지 않으면
엉뚱한 사람이 **이익**을 챙길 수도 있어요.
==둘이 다투는 틈을 타서==
==관계없는 사람이 이익을 가로챈다는 말==이에요.

'어부지리'의 뜻이랑 딱 어울리는 상황에 ✓표 하세요.

① 어부가 쳐 놓은 그물이 뜯어져서
   물고기가 모두 도망갔을 때 ☐

② 달리기에서 1등과 2등이 부딪쳐 넘어지는 바람에
   3등이던 선수가 우승했을 때 ☐

| 따/라/쓰/기 | 漁 | 夫 | 之 | 利 |

18 제나라 임금에게 충고한 '맹자' 이야기

연목구어

緣木求魚

따를 **연** 나무 **목** 구할 **구** 물고기 **어**

→ **나무를 따라 올라 물고기를 구한다**

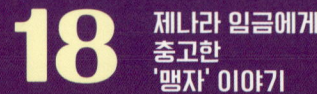

'연목구어' 뜻

물고기를 잡으려면 어디로 가야 할까요?

강이나 바다로 가서 낚시하거나 그물을 던져야 하지요.

물고기를 잡기 위해 **나무**에 오른다는 건 정말 어리석어요.

==도저히 되지 않을 일에 고집을 피우거나==
==목적에 맞지 않는 방법을 쓰는 사람을== 꼬집는 말이에요.

###

'연목구어'의 뜻이랑 딱 어울리는 상황에 ✔표 하세요.

① 친구가 놀이터에서 혼자 노는 모습을 보고 다가가서 같이 놀자고 먼저 손 내밀 때 ☐

② 영어를 잘하는 친구가 부럽다며 그 친구가 다니는 수학 학원에 다니겠다고 떼쓸 때 ☐

| 따/라/쓰/기 |  |  |  |  |

19 일거양득

호랑이 두 마리를 한 번에 잡은 천하장사 이야기

一擧兩得

한 일 들 거 두 양 얻을 득

→ 한 번 들어 둘을 얻는다

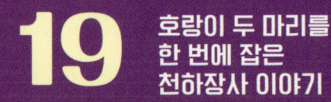

'일거양득' 뜻

한 번에 **호랑이 두 마리**를 잡는 것은 불가능해요.
아무리 힘센 장사라 하더라도 말이에요.
하지만 호랑이들끼리 싸울 때 둘의 싸움이 끝난 후
살아남은 호랑이만 잡으면
두 마리를 **동시**에 얻을 수 있어요.
물건을 하나 샀는데 덤으로 하나 더 얻는 경우처럼요.
한 가지 일을 하여
두 가지 이익을 얻는다는 말이에요.

'일거양득'의 뜻이랑 딱 어울리는 상황에 ✓표 하세요.

① 태권도를 배웠더니 몸도 건강해지고
   친구들에게 인기도 많아질 때 ☐

② 친구를 따라서 아이돌 오디션에 갔는데
   친구는 떨어지고 오히려 내가 캐스팅되었을 때 ☐

| 따/라/쓰/기 | 一 | 擧 | 兩 | 得 |

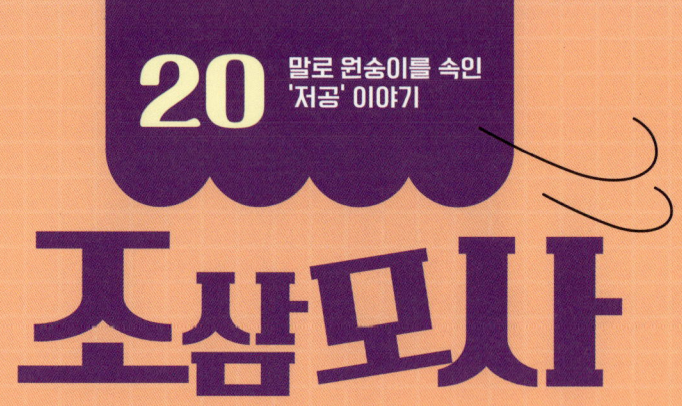

20 말로 원숭이를 속인 '저공' 이야기

조삼모사

朝三暮四

아침 **조** 석 **삼** 저녁 **모** 넉 **사**

→ **아침에 세 개 저녁에 네 개**

'조삼모사' 뜻

도토리를 **아침에 세 개** 먹고 **저녁에 네 개** 먹으나 아침에 네 개 먹고 저녁에 세 개 먹으나 매한가지예요. 하지만 원숭이들은 아침에 세 개를 주면 적고, 네 개를 주면 좋다고 했어요.

==눈앞에 있는 이익만 보고 결과가 같은 것을 모르는 사람이나 그런 사람을 잔꾀로 속일 때 쓰는 말==이에요.

'조삼모사'의 뜻이랑 딱 어울리는 상황에 ✓표 하세요.

① 숙제하고 나서 놀라고 하면 싫다고 하고
한 시간만 놀고 숙제하라고 하면 좋다고 할 때 ☐

② 체육 시간에 땀을 너무 많이 흘려서
다음 수업 시간 내내 졸 때 ☐

따/라/쓰/기

이런 사람에게는
따끔한 말을!

3 꾀에 관한 고사성어

21	곡학아세 曲學阿世	26	암중모색 暗中摸索
22	교언영색 巧言令色	27	용두사미 龍頭蛇尾
23	구밀복검 口蜜腹劍	28	지록위마 指鹿爲馬
24	부화뇌동 附和雷同	29	토사구팽 兔死狗烹
25	사이비 似而非	30	호가호위 狐假虎威

21 학문을 잘못 쓰지 말라고 당부한 '원고생' 이야기

곡학아세

曲學阿世
굽을 **곡**　배울 **학**　아첨할 **아**　인간 **세**
→ 학문을 왜곡하여 세상 사람들에게 아첨한다

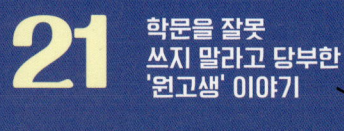

'곡학아세' 뜻

일제 강점기 말에 일본은 세계 대전을 일으키고 우리나라 사람들을 강제로 전쟁터에 내몰았어요. 이때 많은 **학자**와 **지식인**이 전쟁을 비판하기는커녕 일본에 잘 보이려고 그 전쟁을 의로운 전쟁이라고 **주장**했지요. 공부를 많이 한 학자나 지식인들이 **출세**하려고 **지식을 잘못된 방향으로 써서 권력이나 세상 사람들에게 아부한다는 말**이에요.

실제상황 퀴즈

'곡학아세'의 뜻이랑 딱 어울리는 상황에 ✓표 하세요.

① 중학생 형이 내가 모르는 문제를 꼼꼼하게 알려 줄 때 ☐

② 정치하는 사람이 국민과 대통령에게 잘못된 정보를 주며 자기 이익을 챙길 때 ☐

따/라/쓰/기 曲 | 學 | 阿 | 世

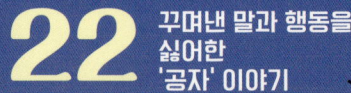

22 교언영색

꾸며낸 말과 행동을 싫어한 '공자' 이야기

巧言令色

교묘할 **교** 말씀 **언** 아름다울 **영** 빛 **색**

→ 교묘한 말과 아름다운 얼굴빛

자로: 스승님, 말을 잘하면 어진 사람입니까?

공자: 그럴 리가.

자로: 그럼 표정이 온순하고 부드러운 사람은요?

공자: 그것도 별로!

공자: 말을 그럴듯하게 하고 표정을 좋게 꾸미는 사람 중에 어진 사람은 드물단다.

자로: 그럼 도대체 어떤 사람이 어진 사람입니까?

공자: 말이 어눌해도 마음이 꼿꼿해야 어진 사람이지.

끄덕 끄덕

'교언영색' 뜻

말을 **잘하고** 얼굴에 **미소**가 가득한 사람을 보면 좋은 사람 같다는 생각이 들어요.
하지만 이런 말과 표정으로 **환심**을 산 후에 상대를 속이는 경우가 종종 있으니 **조심**해야 해요.
다른 사람에게 잘 보이려고 말을 번지르르하게 하고 표정을 좋게 지으며 알랑거리는 태도를 이르는 말이에요.

실제상황 퀴즈

'교언영색'의 뜻이랑 딱 어울리는 상황에 ✓표 하세요.

① 힘이 센 친구에게 잘 보이려고
   그 친구에게 멋있고 용감하다고 말할 때 ☐

② 다쳐서 다리가 불편한 친구를 부축해서
   집에 가는 것을 도와줄 때 ☐

따/라/쓰/기 巧 言 令 色

23 간사한 신하 '이임보' 이야기

구밀복검

口蜜腹劍
입 **구** 꿀 **밀** 배 **복** 칼 **검**
→ 입에는 꿀이 있고 배에는 칼이 있다

'구밀복검' 뜻

친절한 말투로 칭찬하고 **위로**하는 말은
다른 사람을 기분 좋게 하고, 마음 놓이게 해요.
하지만 이런 말을 하는 사람 중에는
나를 **속이고 해치려는** 사람도 있을 수 있어요.
겉으로는 친한 척하지만 속으로 해칠 생각을 하거나
돌아서서 헐뜯는 사람에게 쓰는 말이에요.

실제상황 퀴즈

'구밀복검'의 뜻이랑 딱 어울리는 상황에 ✓표 하세요.

① 친하게 지내자고 먼저 다가온 친구가
　몰래 내 공부를 방해하려고 할 때　　　　□

② 어린이날 선물로 꿀 아이스크림과 장난감 칼을 받았을 때　□

따/라/쓰/기　　口　蜜　腹　劍

24 부화뇌동

이랬다저랬다 하는 친구를 사귄 '자로' 이야기

附和雷同

붙을 **부** 화할 **화** 우레 **뇌** 같을 **동**

→ 천둥소리에 맞춰 같이 호응하다

'부화뇌동' 뜻

맞장구를 잘 치는 사람이 있어요.
누가 무슨 말을 해도 **무조건 옳다**고 하는 것이지요.
또 줏대 없이 **남의 의견**에 따르기만 하는 사람도 있어요.
이런 태도는 주체적이지 못하고 정의롭지도 않아요.
자기 생각이나 주장 없이 옳고 그름을 따지지 않고 남의 의견을 따라가는 사람에게 쓰는 말이에요.

실제상황 퀴즈

'부화뇌동'의 뜻이랑 딱 어울리는 상황에 ✓표 하세요.

① 학원을 빠지고 PC방에 가자는 친구들에게 단호하게 거절하고 학원을 갈 때 ☐

② 친구가 다른 친구를 욕하니까 나도 따라서 그 친구를 괜히 미워할 때 ☐

따/라/쓰/기 附 和 雷 同

25 가짜를 알아본 '맹자' 이야기

사이비
似而非
같을 **사** 말 이을 **이** 아닐 **비**
→ 겉으로는 비슷한 것 같지만 진짜가 아닌 것

- 선생께서는 그 어려운 책을 참으로 잘 읽으십니다.
- 허허, 책은 마음의 양식이라네.
- 그만들 싸우게. 이웃끼리 서로 양보해야지.
- 저런 분은 훌륭한 사람이지요?
- 아휴, 도대체 뭔 소리인지!
- 이제 말리기도 지겹다!
- 맹자
- 사실...
- 훌륭한 사람과 비슷해 보이지만, 실제로는 아니란다.

'사이비' 뜻

진짜 실력 있는 사람과 그런 척하는 사람을
어떻게 구별할 수 있을까요?
행동이나 말이 실력자와 비슷하면
진짜와 **가짜**를 구별하기가 매우 어려워요.
하지만 **비슷한 것**은 비슷한 것일 뿐 **진짜**가 **아니**에요.
**사람이나 조직이 겉보기에는 그럴싸하나
실제는 전혀 딴판인 것을
이르는 말**이에요.

실제상황 퀴즈

'사이비'의 뜻이랑 딱 어울리는 상황에 ✓표 하세요.

① 유명한 강사가 많다는 학원에 등록했는데
    며칠째 자율 학습만 시킬 때 ☐

② 좋아하는 친구에게 고백했는데
    다음 날 내 친구와 사귄다는 말을 들었을 때 ☐

따/라/쓰/기 似 而 非 ★

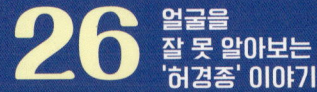

암중모색

暗中摸索

어두울 **암** 가운데 **중** 더듬을 **모** 찾을 **색**

→ 어둠 속에서 손을 더듬어 찾다

'암중모색' 뜻

어둠 속에서는 앞이 안 보이니 무엇이 어디에 있는지 몰라요.
그래서 **손**을 **더듬어** 물건을 찾아야 하지요.
그러다 무엇이 만져지면,
형태와 촉감으로 어떤 물건인지 **짐작**할 수 있어요.
아무것도 알 수 없는 상황에서 어림짐작으로 무엇을 알아내려는 상황에 쓰는 말이에요.

###

'암중모색'의 뜻이랑 딱 어울리는 상황에 ✓표 하세요.

① 동생에게 줄 쿠키를
   식탁의 잘 보이는 곳에 올려놓을 때 ☐

② 흔적이 없는 도난 사건이 일어나서
   경찰이 범인을 찾는 데 애먹을 때 ☐

| 따/라/쓰/기 | 暗 | 中 | 摸 | 索 |

27 용두사미

허세 부리는 스님에게 실망한 '진존숙' 이야기

龍頭蛇尾

용**용** 머리**두** 뱀**사** 꼬리**미**
→ 용의 머리와 뱀의 꼬리

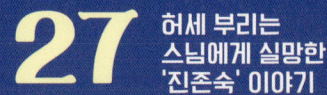

'용두사미' 뜻

처음에는 **폼 나게** 연설을 **시작**했다가
이어서 하는 말에 **알맹이**가 없으면 듣는 사람이 실망해요.
말을 분명히 끝맺지 못하고
흐리멍덩하다고 생각하겠지요.
처음은 좋다가 끝이 좋지 않은 경우나
시작은 거창하나 마무리가
흐지부지할 때 쓰는 말이에요.

실제상황 퀴즈

'용두사미'의 뜻이랑 딱 어울리는 상황에 ✓표 하세요.

① 어릴 때부터 친한 친구 네 명이
    어른이 되어서도 친하게 지낼 때 ☐

② 방을 새로 꾸민다고 뒤집어엎어 놓고
    결국 도저히 못 하겠다고 포기할 때 ☐

따/라/쓰/기   龍　頭　蛇　尾

28 지록위마

무서운 정치를 펼친 신하 '조고' 이야기

指鹿爲馬

가리킬 **지** 사슴 **록** 할 **위** 말 **마**

→ 사슴을 가리켜 말이라 한다

'지록위마' 뜻

역사 속에 **왕을 속여** 마음대로 **권세**를 휘두르는 **신하**들의 이야기가 종종 나와요.
이들은 다른 신하들에게 왕을 속이는 모습을 보여 주며 **힘**을 **자랑**하기도 하고 **겁**을 주기도 했지요.
사실이 아닌 것을 상대에게 강제로 인정하게 하거나 **윗사람을 교묘히 속여 힘을 휘두르는 경우**를 말해요.

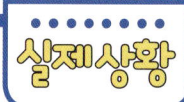

'지록위마'의 뜻이랑 딱 어울리는 상황에 ✓표 하세요.

① 숙제를 안 한 친구가 반 친구들에게
선생님께 숙제가 없었다고 말하라고 강요할 때 ☐

② 사슴을 좋아하는 누나를 위해
생일 선물로 사슴 인형을 준비했을 때 ☐

| 따/라/쓰/기 | 指 | 鹿 | 爲 | 馬 |

29 유방에게 버림받은 '한신' 이야기

토사구팽

兔死狗烹

토끼 **토** 죽을 **사** 개 **구** 삶을 **팽**

→ 토끼를 잡고 나면 사냥개가 삶아 먹힌다

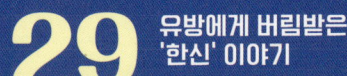

'토사구팽' 뜻

토끼를 잡을 때는 사냥개가 필요해요.
토끼를 몰아서 주인이 잡을 수 있게 도와주고,
잡은 토끼를 물어 오기도 하지요.
그런데 토끼를 잡고 나면 필요 없어진 사냥개를
삶아 먹어 버리는 주인도 있대요.
**필요할 때는 쓰고 필요 없을 때는
야박하게 버리는 경우에 쓰는 말**이에요.

실제상황 퀴즈

'토사구팽'의 뜻이랑 딱 어울리는 상황에 ✓표 하세요.

① 집에서 키우는 토끼가 외로워해서
   토끼를 한 마리 더 입양했을 때 ☐

② 숙제를 도와달라는 친구의 부탁을 들어줬는데
   숙제를 끝낸 뒤에 아는 척도 안 할 때 ☐

따/라/쓰/기　兔　死　狗　烹

30 호랑이의 힘을 이용한 여우 이야기

호가호위

狐假虎威

여우 **호** 빌릴 **가** 호랑이 **호** 위엄 **위**

→ **여우가 호랑이의 힘을 빌리다**

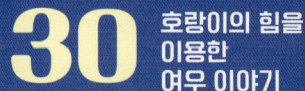

'호가호위' 뜻

가족이나 친구 중에 **유명한 사람**이 있으면
괜히 그 사람의 이름을 들먹이며 **뽐내고** 싶어요.
그러면 사람들이 나를 잘 **대접**해 줄 것 같으니까요.
또, 다른 사람을 등에 업고 힘을 부리려는 사람들도 있지요.
하지만 진짜 자기 힘이나 실력이 아니라면,
결국 **인정**받지 못할 거예요.
별 볼 일 없는 사람이 남의 힘을 빌려 힘 있는 척한다는 말이에요.

###

'호가호위'의 뜻이랑 딱 어울리는 상황에 ✓표 하세요.

① 아는 형이 싸움을 잘한다면서
   자기한테 까불지 말라는 친구를 봤을 때 ☐

② 나에게 피아노를 배운 친구가
   나중에 나보다 피아노를 더 잘 치게 되었을 때 ☐

| 따/라/쓰/기 | 狐 | 假 | 虎 | 威 |

입조심!
몸조심!

4 말과 행동에 관한 고사성어

31 견문발검 見蚊拔劍	36 이열치열 以熱治熱
32 두문불출 杜門不出	37 임기응변 臨機應變
33 마이동풍 馬耳東風	38 자포자기 自暴自棄
34 모순 矛盾	39 중구난방 衆口難防
35 양약고구 良藥苦口	40 촌철살인 寸鐵殺人

31 사소한 일에도 화를 잘 낸 '왕사' 이야기

견문발검

見蚊拔劍

볼 **견** 모기 **문** 뽑을 **발** 칼 **검**

→ 모기를 보고 칼을 뽑다

'견문발검' 뜻

글씨를 쓰다가 파리가 붓 끝에 앉으니
매우 화를 내며 일어나 파리를 내쫓았다는 이야기예요.
나중에 **모기**에게 **칼을 휘두른** 내용으로 바뀌었대요.
어느 쪽이든 별것도 아닌 일에
지나치게 성질을 부린 것은 마찬가지예요.
**보잘것없이 작은 일에 지나치게 대응하거나
조그만 일에 화를 낼 때 쓰는 말**이에요.

'견문발검'의 뜻이랑 딱 어울리는 상황에 ✓표 하세요.

① 밥을 먹다가 친구가 침을 튀겼다며
반찬을 모두 쓰레기통에 부어 버릴 때 ☐

② 겨울에 감기에 걸리지 않으려고
비타민C를 챙겨 먹을 때 ☐

| 따/라/쓰/기 | |  |  |  |

32 태자를 지키려고 집에 틀어박힌 신하 '호돌' 이야기

두문불출

杜門不出

막을 **두** 문 **문** 아닐 **불** 날 **출**

→ 문을 닫고 나가지 않다

'두문불출' 뜻

세상일이 시끄러워서 **혼자 있고 싶을 때**는 바깥출입을 끊고 **아무도** 만나고 싶지 않아요. 사회 활동을 접고 문밖에 나서지 않게 되지요. 그러면 점점 사람들의 **관심**에서 벗어날 수 있게 돼요. <u>집에만 틀어박혀 사회의 일에 관심을 끊고 사람도 거의 만나지 않으며 숨어 지낸다는 말</u>이에요.

코로나 이후로 1년 동안 방에서 게임만 하고 있어

실제상황 퀴즈

'두문불출'의 뜻이랑 딱 어울리는 상황에 ✔표 하세요.

① 중요한 시험을 앞두고 친구들과 도서관에 모여 공부할 때 ☐

② 이성 친구와 헤어지고 상처를 받아 몇 날 며칠 동안 방에서 나오지 않을 때 ☐

| 따/라/쓰/기 | 杜 | 門 | 不 | 出 |

33 친구의 마음을 알아주는 편지를 보낸 '이백' 이야기

마이동풍

馬耳東風
말 **마** 귀 **이** 동녘 **동** 바람 **풍**
→ 말의 귀에 스치는 동풍

'마이동풍' 뜻

동풍은 동쪽에서 불어오는 바람으로, **봄바람**을 뜻해요.
꽃내음을 싣고 오는 봄바람은 향긋하고 상쾌하지요.
하지만 봄바람이 불어도 느끼지 못하는 사람이 있어요.
아무리 **좋은 말**을 해 주어도 알아듣지 못하는 것처럼요.
남의 말에 귀 기울이지 않고 흘려버리거나,
충고를 무시하고 자기 멋대로 하는 사람에게 쓰는 말이에요.

'마이동풍'의 뜻이랑 딱 어울리는 상황에 ✔표 하세요.

① 음악 시간에 클래식을 감상하다가 감명받았을 때

② 거북목이 될 수도 있다는 친구의 충고를 무시하고
   휴대폰을 가까이 들여다볼 때

| 따/라/쓰/기 | 馬 | 耳 | 東 | 風 |

34 창과 방패를 함께 파는 상인 이야기

모순

矛盾

창 **모** 방패 **순**
→ 창과 방패

'모순' 뜻

모든 방패를 뚫는 **창**과 모든 창을 막는 **방패**가 동시에 존재할 수 있을까요?
이런 일은 있을 수도 없고 **말이 안 돼**요.
앞의 말이 사실이면 뒤의 말이 거짓이고,
뒤의 말이 사실이면 앞의 말이 거짓이니까요.
말이나 행동의 앞뒤가 서로 맞지 않는다는 말이에요.

실제상황

'모순'의 뜻이랑 딱 어울리는 상황에 ✓표 하세요.

① 환경 보호 운동가가 매일 일회용품을 함부로 쓰고 버릴 때 ☐

② 공부가 인생의 전부는 아니라고 말하며
　성적이 낮게 나온 동생을 위로할 때 ☐

| 따/라/쓰/기 | 矛 | 盾 | 矛 | 盾 |

87

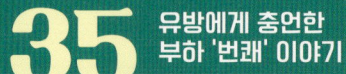

'양약고구' 뜻

누구나 남에게서 **지적**보다는 **칭찬**을 듣고 싶어 해요.
하지만 칭찬만 들으면 잘못을 고치기 어려워요.
쓴소리를 듣고 잘못을 고쳐 나가야
좀 더 **나은 사람**이 될 수 있지요.
그런데 막상 쓴소리를 들을 때는 귀에 거슬린다는 말이에요.

실제상황 퀴즈

'양약고구'의 뜻이랑 딱 어울리는 상황에 ✓표 하세요.

① 외출하고 돌아오면 손을 씻으라는
　엄마의 말씀을 잘 들을 때　　　　　　□

② 다른 친구를 험담하지 말라는
　친구의 충고가 기분 나쁠 때　　　　　□

따/라/쓰/기　　　　　

36 한여름에 뜨거운 차를 마시는 할아버지 이야기

이열치열

以熱治熱

써 **이** 더울 **열** 다스릴 **치** 더울 **열**

→ 열로써 열을 다스리다

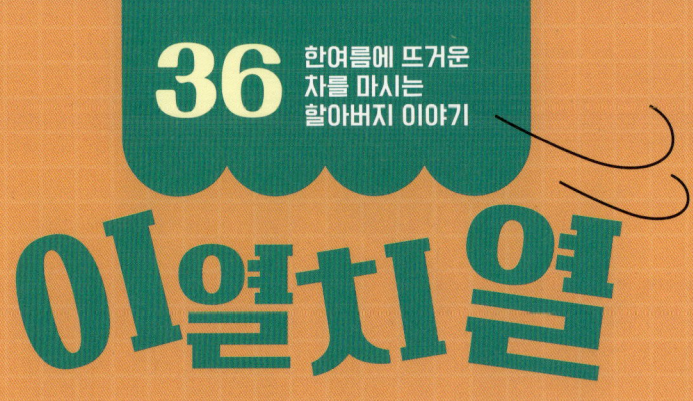

'이열치열' 뜻

더운 여름을 시원하게 보내려면
시원한 곳을 찾아가거나 찬 음식을 먹어요.
그런데 **뜨거운 음식**으로도 더위를 이길 수 있어요!
뜨거운 국물을 먹으면 **속**이 **따뜻**해져서
오히려 바깥 공기가 **시원**하게 느껴지거든요.
그래서 어른들은 더운 날에 삼계탕을 먹으며
더위를 달래요. **열로써 열을 다스리거나
힘으로 힘을 물리칠 때 쓰는 말**이에요.

실제상황 퀴즈

'이열치열'의 뜻이랑 딱 어울리는 상황에 ✔표 하세요.

① 감기에 걸려 열이 나자 뜨거운 생강차를 마셔서
   열을 내릴 때 ☐

② 힘이 센 친구가 약한 친구를 괴롭히는 모습을 보고도
   무서워서 꾹 참을 때 ☐

   以 熱 治 熱

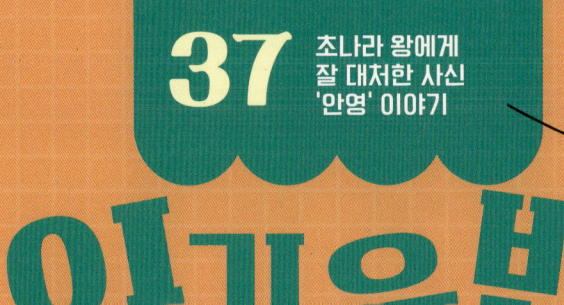

37 초나라 왕에게 잘 대처한 사신 '안영' 이야기

임기응변

臨機應變
임할 **임** 때 **기** 응할 **응** 변할 **변**

→ 때(상황)에 맞추어 변화해 가며 대응하다

'임기응변' 뜻

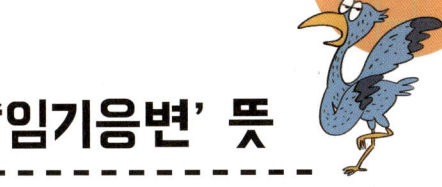

<토끼전>의 토끼는 용왕에게 간을 빼앗길 위기에서 **꾀**를 내어 용궁을 **무사히** 빠져나갔어요. 자기 간은 매우 소중해서 숲에 숨겨 두었다는 대답을 했지요. **상황 대처 능력**이 뛰어난 그 토끼처럼 **형편에 따라 재빠르게 대응하고 해결하는 경우에 쓰는 말**이에요.

실제상황 퀴즈

'임기응변'의 뜻이랑 딱 어울리는 상황에 ✓표 하세요.

① 학교에서 바지의 단추가 떨어졌는데 옷핀으로 얼른 바지를 여밀 때 ☐

② 수업 시간에 짝꿍과 떠들다가 수업 내용을 하나도 듣지 못했을 때 ☐

따/라/쓰/기 臨 機 應 變

38 피해야 할 사람을 알려 주는 '맹자' 이야기

자포자기

自暴自棄

스스로 **자** 사나울 **포** 스스로 **자** 버릴 **기**

→ 자신을 해치고 자신을 버리다

어떤 사람을 피해야 합니까?

남을 괴롭히는 못된 사람을 피해야지요!

자기를 괴롭히고 막 대하는 사람을 피해야 합니다.

↑ 맹자

자기를 스스로 해치고 버리는 사람은 자기에게 예의를 지키지 않는 것입니다.

그런 사람이 어찌 다른 사람을 존중하겠습니까?

오, 그렇네!

'자포자기' 뜻

남을 해치거나 함부로 대하는 사람은 정의롭지 못해요.
슬기로운 사람도 아니고요.

그런데 맹자는 **자기**를 **함부로** 대하고 버리는 것도 **정의롭지 못한 행동**이라고 지적했어요. ==자기를 돌보지 않고 스스로 해치거나 미래를 포기하고 되는대로 행동하는 사람에게 쓰는 말==이에요.

실제상황 퀴즈

'자포자기'의 뜻이랑 딱 어울리는 상황에 ✓표 하세요.

① 문제를 풀다가 어려워서
   개념을 다시 공부하고 문제를 풀 때 ☐

② 태권도 심사에서 떨어진 후에 운동을 포기하고
   매일 집에서 게임만 할 때 ☐

따라쓰기   自   暴   自   棄

39 소문 때문에 괴로워한 관리 이야기

중구난방

衆口難防

무리 **중** 입 **구** 어려울 **난** 막을 **방**

→ 여러 사람의 입을 막기 어렵다

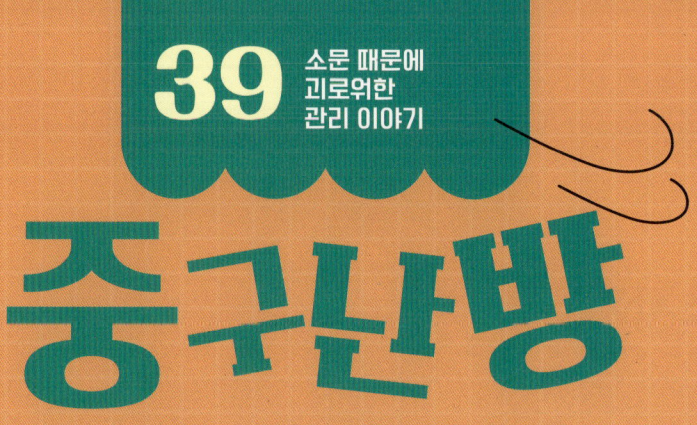

'중구난방' 뜻

한 사람의 입은 막기 쉬워도
여러 사람이 저마다 떠들어대면
그것을 모두 **막기**는 **어려워**요.
그래서 관리는 일꾼들이 자기를 흉보는 모습을 보고도
화내지 않고 받아들인 거예요.
막기 어려울 정도로 여럿이 마구 떠든다는 말이에요.

실제상황 퀴즈

'중구난방'의 뜻이랑 딱 어울리는 상황에 ✓ 표 하세요.

① 수업 시간에 한 아이가 선생님 질문의 대답을
   모두 가로채서 할 때 ☐

② 체험 학습 장소를 정하는 회의에서
   여러 명의 아이가 각자 장소를 추천할 때 ☐

   衆 口 難 防

40 촌철살인

말 한마디의 힘을 알려 준 스님 이야기

寸鐵殺人

마디 **촌** 쇠 **철** 죽일 **살** 사람 **인**

→ 한 치의 쇠붙이로 사람을 죽이다

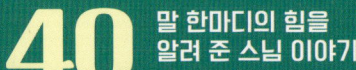

'촌철살인' 뜻

'말 한마디에 천 냥 빚도 갚는다'라는 말이 있어요.
'세 치 혀가 사람 잡는다'라는 말도 있고요.
말이라는 것은 그 **힘**이 세서 **짧은 말 한마디**로도
누군가를 이롭게 하거나 해롭게 할 수 있어요.
간단한 말로도 남을 감동하게 하거나
남의 약점을 날카롭게 꼬집을 수 있다는 말이에요.

실제상황 퀴즈

'촌철살인'의 뜻이랑 딱 어울리는 상황에 ✓표 하세요.

① 음악 경연 프로그램에서 심사위원이
   한마디 심사평으로 도전자를 울릴 때 ☐

② 친구의 그림을 보고 듣기 좋은 화려한 말로 칭찬할 때 ☐

따 / 라 / 쓰 / 기   寸 鐵 殺 人

이 상황을 한마디로!

5 상황에 관한 고사성어

41	계륵 鷄肋		46	오리무중 五里霧中
42	구우일모 九牛一毛		47	오십보백보 五十步百步
43	금상첨화 錦上添花		48	일망타진 一網打盡
44	명약관화 明若觀火		49	점입가경 漸入佳境
45	문전성시 門前成市		50	함흥차사 咸興差使

41 닭의 갈비뼈를 먹을지 말지 고민한 '조조' 이야기

계륵
鷄肋
닭 **계**　갈빗대 **륵**
→ 닭의 갈빗대

계륵 뜻

치킨 조각 중에 **닭의 갈빗대**를 본 적 있나요?
닭의 갈비뼈에는 살이 별로 붙어 있지 않아요.
그래서 **뜯어 먹을지 말지** 고민하게 되지요.
먹기에는 살이 너무 적고 버리기에는 아까워요.
큰 쓸모는 없지만 버리기 아까운 물건이나 이러지도 저러지도 못하는 난처한 상황을 이르는 말이에요.

비싼 돈 주고 샀는데 발이 아파 신을 수가 없네

욕심 부리더니...

실제상황 퀴즈

'계륵'의 뜻이랑 딱 어울리는 상황에 ✔표 하세요.

① 어릴 때 가지고 놀던 장난감을
    이제 쓰지도 않으면서 버리지도 못할 때 ☐

② 축구를 하는데 몸이 약한 친구도 챙겨서
    경기에 끼워 줄 때 ☐

 　鷄　肋　鷄　肋

42 《사기》를 쓰기로 마음먹은 '사마천' 이야기

구우일모
九牛一毛
아홉 **구** 소 **우** 한 **일** 털 **모**

→ 아홉 마리 소의 털 중에서 한 가닥의 털

이릉이 적군에 항복했다고? 대역 죄인의 가족을 당장 잡아들여라!

폐하, 이릉은 식량이 떨어지고 구원병이 오지 않아 어쩔 수 없이 적에게 항복한 것이옵니다.

사마천

뭐라고? 이릉의 편을 드는 사마천도 당장 옥에 가두어라!

친구여, 내가 이대로 죽으면 아홉 마리의 소 가운데 털 하나 빠진 것처럼 아무도 신경 쓰지 않을 테지. 내 반드시 옥에서 나가 역사를 기록할 것이라네.

'구우일모' 뜻

소 한 마리에 있는 털도 셀 수 없이 많은데
아홉 마리 소의 **털**이라면, 그 수가 얼마나 많을까요?
그렇게 털이 많으면 **한 가닥**이 **빠져도**
티 나지 않을 거예요.
장미꽃밭에서 키 작은 풀꽃 하나는 눈에 띄지 않는 것처럼요.
아주 큰 물건 사이에 있는 작은 물건이나
아주 많은 수 중에 매우 적은 일부를
가리키는 말이에요.

나 이 뼈다귀 가져도 돼?

그래. 난 집에 1억개 있어
└ 만수르 강아지

실제상황 퀴즈

'구우일모'의 뜻이랑 딱 어울리는 상황에 ✓표 하세요.

① 포대에 들어 있던 쌀이
   조금씩 흐르다가 우르르 다 쏟아질 때 ☐

② 수만 점이 넘는 유물 중에
   겨우 몇 점이 전시회에 공개될 때 ☐

따/라/쓰/기   九 牛 一 毛

43 분위기에 젖어 시를 지은 '왕안석' 이야기

금상첨화
錦上添花

비단 **금** 위 **상** 더할 **첨** 꽃 **화**

→ 비단 위에 꽃을 더하다

'금상첨화' 뜻

비단은 결이 부드럽고 색이 아름다워요.
여기에 **꽃무늬**를 **수** 놓으면 **더욱더 화려**할 거예요.
좋은 노래를 들으며 아름다운 풍경을 보거나
좋은 사람들과 만나 맛있는 음식을 먹는 것처럼
좋은 일 위에 또 좋은 일이
더해지는 경우에 쓰는 말이에요.

실제상황 퀴즈

'금상첨화'의 뜻이랑 딱 어울리는 상황에 ✓표 하세요.

① 보고 싶은 영화를 보러 가서
   좋아하는 팝콘과 음료도 사 먹을 때 ☐

② 아침에 늦잠을 자서 학교에 지각했는데
   준비물도 안 챙겨 왔을 때 ☐

따/라/쓰/기   錦　上　添　花

44 도읍을 옮기려 한 '은나라 왕' 이야기

명약관화
明若觀火

밝을 **명** 같을 **약** 볼 **관** 불 **화**

→ 밝기가 불을 보는 것과 같다

'명약관화' 뜻

불빛이 희미하고 **어두컴컴한 곳**에서는
물건을 제대로 **알아보기**가 **어려워**요.
하지만 **환한 곳**에서는 **뚜렷이 구별**할 수 있지요.
그래서 밝은 불 앞에서는 사실을 숨기거나
거짓말하기가 어려워요.
**어떤 일이나 상황이 불을 보듯 분명하고
뻔하다는 말**이에요.

실제상황 퀴즈

'명약관화'의 뜻이랑 딱 어울리는 상황에 ✓표 하세요.

① 비가 엄청 많이 내리는 것을 보니
   마을이 물에 잠길 것이 예상될 때 ☐

② 안개가 많이 껴서
   앞이 전혀 보이지 않을 때 ☐

 | 明 | 若 | 觀 | 火 |

45 백성의 인기를 얻는다고 모함을 받은 '정승' 이야기

문전성시
門前成市
문**문** 앞**전** 이룰**성** 저자**시**
→ 대문 앞이 시장을 이루다

'문전성시' 뜻

옛날에는 3일이나 5일에 한 번꼴로 시장이 열렸어요. 그래서 **시장**은 **아주 많은 사람**으로 붐볐지요. 요즘도 유명한 가수의 콘서트장이나 **인기** 있는 **관광지**에 가면 마치 시장 앞처럼 사람이 몰려요. **어떤 건물이나 장소에 사람들이 많이 찾아간다는 말**이에요.

실제상황 퀴즈

'문전성시'의 뜻이랑 딱 어울리는 상황에 ✓표 하세요.

① 어린이날에 비가 와서 놀이공원에 파리만 날릴 때 ☐

② 새로 문을 연 분식집에 학생들이 너도나도 몰려갈 때 ☐

| 따/라/쓰/기 | 門 | 前 | 成 | 市 |

46 5리 안을 안개로 덮을 수 있는 '장해' 이야기

오리무중
五里霧中

다섯 **오** 거리 단위 **리** 안개 **무** 가운데 **중**

→ 5리 안이 안개 속에 있다

'오리무중' 뜻

안개는 마치 땅 위에 있는 **구름** 같아요.
주변을 **온통 뿌옇게** 덮어서 앞이 보이지 않지요.
그래서 안개 속에서 길을 찾는 것은 매우 어려워요.
어떤 일에 대해 도저히 갈피를 잡기 어렵거나
해답이 보이지 않을 때 쓰는 말이에요.

실제상황 퀴즈

'오리무중'의 뜻이랑 딱 어울리는 상황에 ✓표 하세요.

① 좋아하는 친구에게 고백하려고
   마음을 굳게 정했을 때 ☐

② 수학 문제를 어떻게 풀어 봐도
   도저히 답을 찾기 어려울 때 ☐

따/라/쓰/기   五 里 霧 中

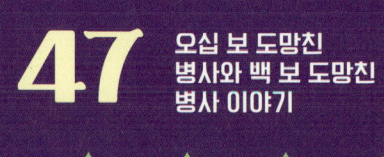

오십보백보

五十步百步

다섯 **오** 열 **십** 걸음 **보** 일백 **백** 걸음 **보**

→ 오십 보 도망간 것과 백 보 도망간 것은 같다

'오십보백보' 뜻

전쟁에서 **오십 걸음** 도망치나 **백 걸음** 도망치나 둘 다 **도망**쳤다는 점에서 **마찬가지**예요. 누가 더 비겁한지 따지는 건 별 의미가 없지요. 자그마한 도토리들끼리 누가 큰지 견주는 것처럼요. **조금 잘하고 못하고의 차이는 있지만, 근본적인 차이는 없다는 말**이에요.

실제상황 퀴즈

'오십보백보'의 뜻이랑 딱 어울리는 상황에 표 하세요.

① 영어 단어 100개를 외우는 숙제에서 60개 외운 친구가 40개 외운 친구를 비웃을 때 ☐

② 달리기 경주에서 2등을 한 친구가 1등을 한 친구를 진심으로 축하할 때 ☐

따/라/쓰/기 五十步百步

48 나랏돈을 함부로 쓴 일당을 모두 잡은 이야기

일망타진

一網打盡

한 **일** 그물 **망** 칠 **타** 다할 **진**

→ 한 번 그물을 쳐서 물고기를 모조리 잡다

'일망타진' 뜻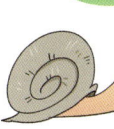

여럿이 모의하여 **범죄**를 저질렀다면
함께한 사람들을 **모두 잡아야** 해요.
그렇지 않으면 잡히지 않은 사람들이
또 범죄를 저지를 테니까요.
강에 촘촘한 그물을 쳐서 물고기를 모조리 잡듯이
**범인이나 어떤 무리를 한꺼번에
모조리 잡는다는 말**이에요.

실제상황  퀴즈

'일망타진'의 뜻이랑 딱 어울리는 상황에 ✓표 하세요.

① 위조지폐를 만들어 퍼뜨린 범인들이
   한 공장에서 모조리 잡혔을 때 ☐

② 축구를 하다가 창문을 깼는데
   도망가지 못한 한 명만 대표로 혼날 때 ☐

| 따/라/쓰/기 | 一 | 網 | 打 | 盡 |

49 사탕수수를 거꾸로 먹는 '고개지' 이야기

점입가경

漸入佳境

점점 **점** 들 **입** 아름다울 **가** 지경 **경**

→ 점점 아름다운 경치로 들어서다

'점입가경' 뜻

인기 있는 책이나 드라마의 공통점은
뒤로 갈수록 **점점** 더 **재미있어**진다는 사실이에요.
그래야 사람들이 흥미를 잃지 않고 **더 몰입**하거든요.
대본이 없는 스포츠 경기도 결과를 예측할 수 없기에
긴장의 끈을 놓을 수 없지요.
이처럼 **상황이 점점 재미있어지거나
좋아질 때 쓰는 말**이에요.

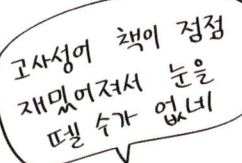
고사성어 책이 점점
재밌어져서 눈을
뗄 수가 없네

얘야
밥 먹어라

실제상황 퀴즈

'점입가경'의 뜻이랑 딱 어울리는 상황에 ✔표 하세요.

① 초반에 박진감 넘치던 영화가
   뒤로 갈수록 허무한 내용으로 흘러갈 때 ☐

② 국가 대표 축구팀이 강팀을 차례로 물리치며
   승리를 이어 나갈 때 ☐

따/라/쓰/기   漸 入 佳 境

50 함흥차사
이성계를 모시러 함흥으로 간 사신들 이야기

함흥차사
咸興差使

다 **함** 일어날 **흥** 벼슬 **차** 벼슬 **사**

→ 함흥으로 (심부름하러) 간 차사

'함흥차사' 뜻

조선을 세운 이성계는 자식들이 왕이 되려고 다투자
둘째 아들에게 왕위를 물려주고 **함흥**으로 떠났어요.
얼마 뒤 셋째인 이방원은 형제들을 죽이고 왕이 되었어요.
이방원은 아버지의 인정을 받기 위해
함흥으로 **차사**를 보내 아버지를 모셔 오도록 했어요.
하지만 차사들은 소식도 없고, 아무도 돌아오지 못했어요.
**심부름하러 가서 오지 않거나
늦게 올 때 쓰는 말**이에요.

우리 멍멍이 어디 갔니? 한번 나가면 들어 오질 않네

← 여자친구

실제상황 퀴즈

'함흥차사'의 뜻이랑 딱 어울리는 상황에 ✓표 하세요.

① 동생이 친구랑 놀러 나가기만 하면
   몇 시간이 지나도 들어오지 않을 때 ☐

② 이사 간 친구가 집에 놀러 오라며
   생일잔치 초대장을 보냈을 때 ☐

따/라/쓰/기   咸 興 差 使

끝날 때까지
끝난 게
아니다!

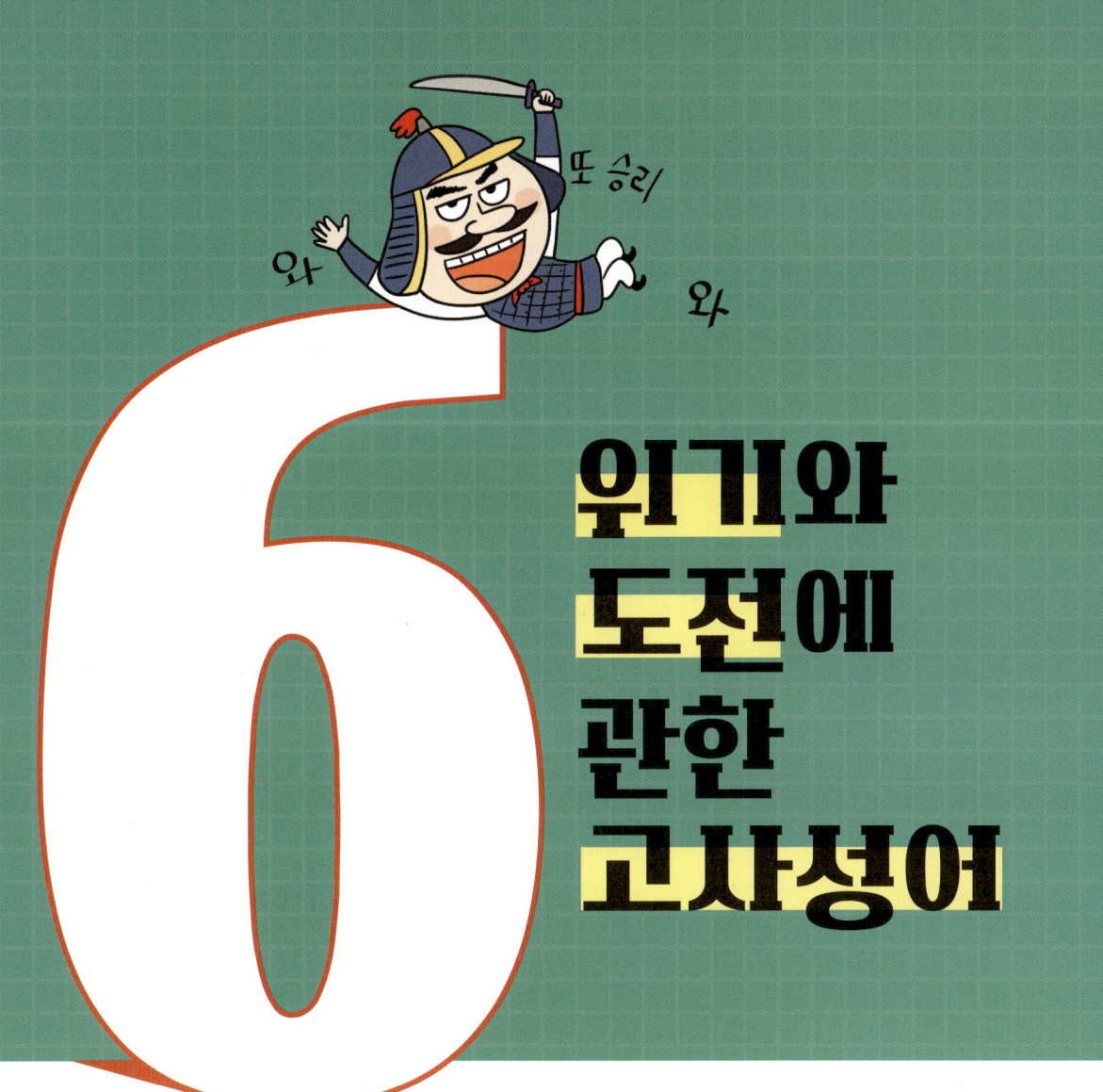

6 위기와 도전에 관한 고사성어

51	건곤일척 乾坤一擲	**56**	와신상담 臥薪嘗膽
52	권토중래 捲土重來	**57**	자승자박 自繩自縛
53	기사회생 起死回生	**58**	지피지기 知彼知己
54	배수진 背水陣	**59**	청천벽력 靑天霹靂
55	사면초가 四面楚歌	**60**	파죽지세 破竹之勢

51 항우와의 마지막 승부를 결심한 '유방' 이야기

건곤일척

乾坤一擲

하늘 **건** 땅 **곤** 한 **일** 던질 **척**

→ 하늘과 땅을 걸고 운명의 주사위를 한번 던지다

'건곤일척' 뜻

'**단판 승부**'라는 말이 있어요.
전쟁이나 경기, 시합, 대회 등에서
단 **한 판**으로 **승부**를 **결정**하는 거예요.
기회가 한 번뿐이니 물러서지 않고 승부를 다투어야겠지요.
==운명을 걸고 온 힘을 기울여 한 번의 승부를 겨루거나==
==큰 결단을 내릴 때 쓰는 말==이에요.

실제상황 퀴즈

'건곤일척'의 뜻이랑 딱 어울리는 상황에 ✓표 하세요.

① 야구 결승전에 올라간 투수가
   승부가 걸린 마지막 공을 던질 때 ☐

② 반장 선거에 나온 후보 두 명이
   자신이 없다며 모두 기권했을 때 ☐

따/라/쓰/기   乾　坤　一　擲

52 항우의 죽음을 안타까워하는 시인의 이야기

권토중래
捲土重來
말 **권** 흙 **토** 거듭 **중** 올 **래**

→ 흙먼지를 말아 일으킬 기세로 다시 오다

'권토중래' 뜻

승리를 확신했던 경기나 싸움에서 지면 큰 충격을 받을 거예요. 하지만 패배감에 휩싸여 **포기**하는 건 **어리석은 일**이에요. 어려움을 이겨내고 착실히 준비하며 **다시 올 기회**를 기다려야 하지요. **실패에 굴하지 않고 힘을 길러 다시 도전한다는 말**이에요.

실제상황 퀴즈

'권토중래'의 뜻이랑 딱 어울리는 상황에 ✓표 하세요.

① 수학 시험에서 30점을 받고 수학에 소질이 없다며 실망하여 포기할 때 ☐

② 태권도 승급 심사에서 떨어졌는데 한 달 동안 다시 훈련해서 결국 합격했을 때 ☐

   捲 土 重 來

53 적을 용서하고 은혜를 베푼 오나라 왕 이야기

기사회생

起死回生

일어날 **기** 죽을 **사** 돌아올 **회** 살 **생**

→ 죽을 목숨을 일으켜 다시 살리다

'기사회생' 뜻

아버지의 원수를 살려 두고 싶은 사람은 없을 거예요. 하지만 오나라의 왕은 아버지를 죽인 월나라와 싸워 이기고도 월나라 왕의 화해 요청을 받아 주었어요.
월나라는 **죽음의 문턱**에서 **다시 살아난 것**이고, 오나라 왕은 큰 은혜를 베푼 것이지요.

거의 죽을 뻔하다가
다시 살아나는 경우에 쓰는 말이에요.

실제상황 퀴즈

'기사회생'의 뜻이랑 딱 어울리는 상황에 ✓표 하세요.

① 퀴즈 대회에서 첫 문제에 탈락했는데 패자 부활전으로 다시 올라갔을 때 ☐

② 학교 축제에서 분식 판매대를 열었는데 시작부터 손님이 붐빌 때 ☐

따/라/쓰/기   起 死 回 生

129

54 강을 등지고 진을 쳐서 싸운 '한신' 이야기

배수진
背水陣
등**배** 물**수** 진칠**진**
→ 물을 등지고 진을 치다

'배수진' 뜻

강을 등지고 전투를 하면 죽기를 각오하고 싸울 수밖에 없어요.
앞에는 적이 있고 뒤에는 강이 있으니 도망칠 곳이 없잖아요.
적과 싸우지 않고 물러서면 강에 빠져 죽게 되지요.
어떤 일에 목숨을 걸 정도로 절박한 마음으로 대한다는 말이에요.

실제상황 퀴즈

'배수진'의 뜻이랑 딱 어울리는 상황에 ✓표 하세요.

① 피아노 콩쿠르 본선 진출을 위한
   마지막 곡 연주에 온 힘을 다할 때 ☐

② 새 휴대폰을 사 달라고 떼쓰다가
   부모님께 혼날 때 ☐

 　背　水　陣　★

55 고향의 노래를 듣고 항복한 '초나라' 이야기

사면초가

四面楚歌

넉 **사** 방면 **면** 초나라 **초** 노래 **가**

→ 사방에서 들리는 초나라의 노래

'사면초가' 뜻

초나라 왕 항우는 왜 초나라가 패배했다고 말했을까요?
한나라 군대에서 초나라의 노랫소리가 들릴 정도면
한나라에 항복한 초나라 병사들이 많은 것이라고
생각했기 때문이에요.
남은 병사들도 물론 싸울 의욕을 잃었지요.
결국 항우는 패배를 인정하고 말았어요.
누구의 도움도 받을 수 없는 어려움에 빠진 상태를 말해요.

실제상황 퀴즈

'사면초가'의 뜻이랑 딱 어울리는 상황에 ✓표 하세요.

① 농구 경기에서 공을 잡았는데
  상대 팀 수비에 완전히 가로막혔을 때 ☐

② 맛집을 찾아가는데 어느 길로도 길이 통해서
  아무 길로나 가도 상관없을 때 ☐

| 따/라/쓰/기 | 四 | 面 | 楚 | 歌 |

56 와신상담

복수를 위해 참고 견딘 오나라 왕과 월나라 왕 이야기

臥薪嘗膽

누울 **와** 섶나무 **신** 맛볼 **상** 쓸개 **담**

→ 섶나무 위에서 누워 자고 쓸개를 맛보다

'와신상담' 뜻

어떤 일을 이루겠다고 **굳은 마음**을 먹어도
시간이 지나면 마음이 **약해지기 마련**이에요.
그래서 오나라 왕과 월나라 왕은 **복수**를 잊지 않으려고
가시나무 위에서 자고 쓸개를 맛보았어요.
==원수를 갚거나 마음먹은 일을 이루기 위해==
==온갖 괴로움을 참고 견딘다는 말==이에요.

실제상황 퀴즈

'와신상담'의 뜻이랑 딱 어울리는 상황에 ✓표 하세요.

① 학교 대표 이어달리기 선수 뽑기에서
   아깝게 탈락했을 때 ☐

② 사업가가 되려는 꿈을 이루기 위해
   힘들 때마다 스티브 잡스의 사진을 보며 다짐할 때 ☐

따/라/쓰/기 臥 薪 嘗 膽

57 자승자박

노비의 죄 때문에 스스로 벌을 받은 선비 이야기

自繩自縛

스스로 **자** 줄 **승** 스스로 **자** 묶을 **박**

→ 자기가 만든 줄로 자기 몸을 묶다

'자승자박' 뜻

옛날 중국에서는 죄를 짓거나 전쟁에서 지면 스스로 자기의 몸을 묶어 용서를 구했대요. 우리는 가끔 스스로 한 약속이나 주장 때문에 스스로 곤란해지거나 낭패를 봐요. **자기가 한 말과 행동 때문에 자기가 꼼짝없이 책임을 져야 하는 곤란한 경우에 쓰는 말**이에요.

실제상황 퀴즈

'자승자박'의 뜻이랑 딱 어울리는 상황에 ✓표 하세요.

① 줄넘기 50개를 해야 통과하는 시험에서 가까스로 51개를 했을 때 ☐

② 지각하면 벌금을 내자고 말한 사람이 지각해서 벌금을 내야 할 때 ☐

따/라/쓰/기   自 繩 自 縛

58 싸움에서 이기는 방법을 이야기한 '손자' 이야기

지피지기

知彼知己
알**지** 저**피** 알**지** 자기**기**

→ 상대를 알고 나를 알다

'지피지기' 뜻

전쟁에서 **최고의 승리**는 싸우지 않고 이기는 거예요.
그래야 서로 피해를 보지 않을 수 있지요.
그러려면 **우리 군대**의 **장단점**뿐만 아니라
적군에 대해서도 정확히 알아야 해요.
==싸움이나 경쟁에서 이기려면 상대와 나의 형편을
모두 알아야 한다는 말==이에요.

실제상황 퀴즈

'지피지기'의 뜻이랑 딱 어울리는 상황에 ✓표 하세요.

① 운동 경기에서 이기기 위해
  상대 팀의 실력과 전술을 꼼꼼히 조사할 때 ☐

② 모둠의 발표 주제를 정하면서
  내가 자신 있는 분야만 주장할 때 ☐

따/라/쓰/기    知 彼 知 己

59 늙고 아픈 몸으로 시를 쓴 '육유' 이야기

청천벽력

青天霹靂

푸를 **청** 하늘 **천** 벼락 **벽** 벼락 **력**

→ 맑게 갠 푸른 하늘에 날벼락

'청천벽력' 뜻

구름 한 점 없는 **맑은 하늘에 벼락**이 친다고 상상해 보세요.
용이 하늘을 나는 것처럼 **불빛**이 세차게 **번쩍**할 거예요.
앞 이야기에서 시인은 글씨가 힘 있게 쓰인 것을 보고
푸른 하늘에 벼락이 친 것 같다고 했어요.
평온하다가 갑자기 큰 사건이나 사고가 일어났을 때 쓰는 말이에요.

실제상황 퀴즈

'청천벽력'의 뜻이랑 딱 어울리는 상황에 ✓표 하세요.

① 단짝 친구와 마음을 나누며
   오래오래 친하게 지낼 때 ☐

② 다음 주에 보기로 한 시험을
   갑자기 당겨서 내일 보게 되었을 때 ☐

따/라/쓰/기　青　天　霹　靂

60 파죽지세

승리의 기세를 몰아 적을 물리친 진나라 장군 이야기

破竹之勢

깨뜨릴 **파** 대나무 **죽** 어조사 **지** 기세 **세**

→ 대나무를 쪼개는 기세

'파죽지세' 뜻

대나무는 작은 틈 하나만 벌어져도 쩍 하고 갈라져요.
쪼개지기 시작하면 붙일 수도 없고 멈출 수도 없지요.
운동 경기에서 한번 통쾌하게 이긴 팀의 선수들이
기운이 넘쳐 남은 경기도 이기는 것과 같아요.
그러면 누구도 쉽게 대항할 수 없어요.
누구도 막을 수 없을 정도로 기세가 대단하다는 말이에요.

'파죽지세'의 뜻이랑 딱 어울리는 상황에 ✓표 하세요.

① 농구 경기에서 상대 팀과 엎치락뒤치락하다가 마지막에 겨우 이겼을 때 ☐

② 달리기 경주에서 예선부터 1위를 하던 선수가 본선, 결승까지 막힘없이 이길 때 ☐

따/라/쓰/기   破 竹 之 勢

쨍하고
해 뜰 날이
올까?

7 노력과 성공에 관한 고사성어

61	대기만성 大器晩成	66	유비무환 有備無患
62	등용문 登龍門	67	일장춘몽 一場春夢
63	분골쇄신 粉骨碎身	68	입신양명 立身揚名
64	산전수전 山戰水戰	69	타산지석 他山之石
65	우공이산 愚公移山	70	화룡점정 畫龍點睛

61 뒤늦게 성공한 '최림' 이야기

대기만성
大器晚成
큰 **대** 그릇 **기** 늦을 **만** 이룰 **성**
→ 큰 그릇은 늦게 이루어진다

'대기만성' 뜻

큰 그릇을 만들려면 시간이 **오래** 걸리고 **노력**도 더 많이 들어요.
사람도 마찬가지예요. 일찌감치 성공하는 사람도 있지만 꾸준히 노력하여 **뒤늦게** 크게 **성공**하는 사람도 있지요.
==큰 사람이 되기 위해서는 큰 노력을 해야 하고 오랜 시간이 필요하다는 말==이에요.

← 미운오리
와 예쁘다

실제상황 퀴즈

'대기만성'의 뜻이랑 딱 어울리는 상황에 ✓표 하세요.

① 키가 작아서 늘 뒤처지던 배구 선수가 노력 끝에 마침내 국가 대표가 되었을 때 ☐

② 어릴 때 수학 천재 소리를 듣던 친구가 중학생이 되면서 수학에 질려서 포기할 때 ☐

따/라/쓰/기 大 器 晚 成

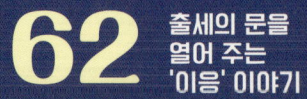

62 출세의 문을 열어 주는 '이응' 이야기

등용문
登龍門

오를 등 용 용 문 문
→ 용문에 오르다

'등용문' 뜻

용문은 중국의 황하강이 시작되는 곳의 골짜기 이름이에요.
그 근처는 물살이 세고 급해서
큰 물고기도 거슬러 오르기 어렵대요.
하지만 한번 오르기만 하면 용이 된다는 전설이 있어요.
용문에 오르면 성공은 보장되는 거예요.
**시험이나 경기 등 어려움을 뚫고
출세의 문에 들어서는 것**을 말해요.

실제상황 퀴즈

'등용문'의 뜻이랑 딱 어울리는 상황에 ✓표 하세요.

1. 세계적인 과학자가 되기 위해
   집에서 꾸준히 과학 실험을 할 때 ☐

2. 가수로 데뷔시켜 주는 오디션 프로그램에서
   1위를 차지했을 때 ☐

따/라/쓰/기   登 龍 門   ★

63 슬픈 사랑을 나눈 '이익'과 '곽소옥' 이야기

분골쇄신

粉骨碎身

가루 **분** 뼈 **골** 부술 **쇄** 몸 **신**

→ 뼈가 가루가 되고 몸이 부서지다

'분골쇄신' 뜻

어떤 일이 **꼭** 이루어지기를 바라는 마음을 표현할 때
'**몸**이 **부서져**라 일하겠다'라는 말을 써요.
사랑하는 사람을 위해 마음을 바칠 때나
나라를 위해 몸을 바칠 때도 비슷한 표현을 하지요.
몸이 부서지거나 뼈가 가루가 될 정도로
있는 힘을 다해 노력하거나
수고를 아끼지 않는다는 말이에요.

###

'분골쇄신'의 뜻이랑 딱 어울리는 상황에 ✓표 하세요.

① 독립운동가들이 나라의 독립을 위해
   목숨을 바쳐 일제와 맞서 싸운 역사를 배웠을 때 ☐

② 억지로 반장이 된 친구가
   학급 일에 아무런 관심이 없을 때 ☐

| 따/라/쓰/기 | | |  |  |

64 산전수전

힘든 전쟁을 치른 장군 이야기

山戰水戰

산 **산** 싸울 **전** 물 **수** 싸울 **전**

→ 산에서 싸우고 물에서도 싸우다

'산전수전' 뜻

산에서 싸우거나 **물**에서 싸우는 것은
육지에서 싸우는 것보다 **훨씬 힘들어**요.
그래서 산과 물에서 전쟁을 많이 치러 본 병사들은
몸과 마음이 **아주 강인**하지요.
웬만한 **시련**에는 흔들리지 않을 거예요.
온갖 고생과 어려움을 겪어 경험이 많다는 말이에요.

지난 가을 올 여름

우리 쌍둥이 동생은
산에서나 물에서나
티격태격해요

실제상황 퀴즈

'산전수전'의 뜻이랑 딱 어울리는 상황에 ✓표 하세요.

① 수영을 해 본 적 없는 사람이
   물에 빠진 사람을 구하려고 뛰어들 때 ☐

② 사람들을 구조한 경험이 많은 소방관을
   큰 재난의 구조 책임자로 추천할 때 ☐

따/라/쓰/기

65 우직하게 산을 옮긴 노인 '우공' 이야기

우공이산
愚公移山

어리석을 **우** 높이는 말 **공** 옮길 **이** 산 **산**

→ 우공(어리석은 영감)이 산을 옮기다

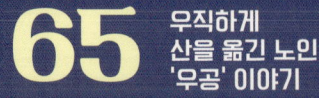

'우공이산' 뜻

어떤 분야에서든 **성공**하는 건 쉬운 일이 아니에요.
세상을 바꾸는 일도 참 어렵지요.
하지만 포기하지 않고 **끝까지 노력**한다면
언젠가는 **목표**를 이룰 수 있어요.
==한눈팔지 않고 한 가지 일을 꾸준히 열심히 하면==
==마침내 큰일을 이룰 수 있다는 말==이에요.

> 하루도 빠지지 않고 매일 땅을 파면 언젠가 다이아몬드가 나올 거야

> 난 뼈다귀

실제상황 퀴즈

'우공이산'의 뜻이랑 딱 어울리는 상황에 ✓표 하세요.

① 사막으로 변해가는 땅에 꾸준히 나무를 심어
   푸른 숲을 만들었을 때 ☐

② 친구네 집에 가는 길이 멀어서
   중간에 포기하고 돌아왔을 때 ☐

따/라/쓰/기 愚 公 移 山

66 평안할 때도 위기를 대비하는 '위강' 이야기

유비무환
有備無患
있을 **유** 갖출 **비** 없을 **무** 근심 **환**
→ 준비가 있으면 근심이 없다

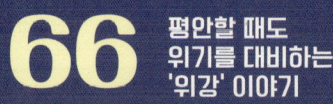

'유비무환' 뜻

'소 잃고 외양간 고친다'라는 속담이 있어요.
소를 도둑맞은 다음에 허물어진 외양간을 고쳐 봐야
소용없다는 뜻이에요.
문제가 생기기 전에 **미리 대비**했다면
속을 태우거나 **걱정**할 일이 없었겠지요.
==미리 준비되어 있으면 나중에 어려움이 닥쳐도
걱정할 일이 없다는 말==이에요.

실제상황 퀴즈

'유비무환'의 뜻이랑 딱 어울리는 상황에 ✓표 하세요.

① 대기 오염이 심각한 것을 알지만
   가까운 거리도 자동차로 편하게 이동할 때 ☐

② 태풍이 올 것에 대비하여
   창문을 잘 닫고 테이프를 붙여 놓을 때 ☐

따/라/쓰/기　　有　備　無　患

67 할 일 없이 지내는 '소동파' 이야기

일장춘몽
一場春夢

한일 마당장 봄춘 꿈몽
→ 한바탕의 봄 꿈

'일장춘몽' 뜻

소동파는 중국 송나라 **최고의 시인**이에요.
집안은 **부유**했고, **존경**받으며 살았지요.
하지만 시골로 유배 보내지면서 그 모든 것이 사라졌어요.
앞날을 준비하지 않고 아무렇게나 살다 보면
인생이 **꿈**을 꾼 것처럼 **허무**해질 수 있어요.
금세 사라질 헛된 꿈이나
쓸데없는 생각을 이르는 말이에요.

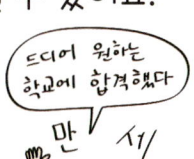
드디어 원하는 학교에 합격했다

네!... 전산 오류였다고요?

실제상황 퀴즈

'일장춘몽'의 뜻이랑 딱 어울리는 상황에 ✓표 하세요.

① 용돈을 많이 받았다며 자랑하던 친구가
   인형 뽑기에 돈을 다 쓰고 슬퍼할 때 ☐

② 친구가 나쁜 꿈을 꾸었다며
   종일 기분이 가라앉아 있을 때 ☐

따/라/쓰/기   一 場 春 夢

68 세상에 이름을 날려 효도하라는 '공자' 이야기

입신양명
立身揚名

설**입** 몸**신** 날릴**양** 이름**명**

→ 몸을 세우고 이름을 날리다

'입신양명' 뜻

공자는 제자들에게 늘 부모님께 효도해야 한다고 말했어요.
부모를 잘 모시고 기쁘게 해 드리라고요.
또, **성공**하여 세상에 이름을 알리는 것도 **효도**라고 했어요.
그러면 사람들이 그 부모에게 **관심**을 두고
'자식을 잘 키웠다'라고 **칭찬**할 테니까요.
사회에서 인정받고 유명해지는 것을 이르는 말이에요.

실제상황 퀴즈

'입신양명'의 뜻이랑 딱 어울리는 상황에 ✓표 하세요.

① 오랜 연습생 기간을 견디고 실력을 쌓아
   세계적인 아이돌 가수가 되었을 때 ☐

② 집이 가난한 것을 탓하며
   부모님 마음에 상처를 줄 때 ☐

따/라/쓰/기   立 身 揚 名

69 다른 산의 돌로 옥을 간 이야기

타산지석

他山之石

다를 **타** 산 산 어조사 **지** 돌 **석**

→ **다른 산의 돌**

- 저 산에 좋은 돌이 있는지 가 보세.
- 그러세.
- 에이, 쓸모 있는 돌이 하나도 없구먼.
- 흠…, 이거 좀 쓸만하겠는데?
- 자네, 그 돌을 가져가려는 건가?
- 그렇다네. 다른 산의 못난 돌이라도 내 옥을 가는 데는 유용하게 쓸 수 있거든.
- 아…

'타산지석' 뜻

함부로 욕하고 **행동**하는 **친구**를 보면 기분이 상해요.
하지만 다르게 생각하면
이런 친구도 나에게 **도움이 되는 면**이 있어요.
나쁜 말과 행동을 하면 안 된다는 **깨달음**을 주지요.
다른 사람의 잘못된 말이나 행동을 보고
가르침을 얻을 때 쓰는 말이에요.

실제상황 퀴즈

'타산지석'의 뜻이랑 딱 어울리는 상황에 ✓표 하세요.

① 숙제를 베끼는 친구를 보고
   다음 날부터 그 행동을 따라 할 때 ☐

② 형이 게임을 오래 해서 야단맞는 것을 보고
   동생이 스스로 게임 시간을 줄일 때 ☐

따/라/쓰/기 他 山 之 石

70 화룡점정

용 그림을 잘 그린 화가 '장승요' 이야기

화룡점정

畫龍點睛

그림 **화** 용 **룡** 점 찍을 **점** 눈동자 **정**

→ 용 그림에 눈동자를 점 찍다

'화룡점정' 뜻

그림을 그릴 때 스케치와 색칠을 마친 후에도 어딘가 만족스럽지 않을 때가 있어요. 그럴 때는 그냥 넘어가지 말고 **부족한 부분**을 찾아내어 **완벽히 마무리**해야 그림이 돋보일 수 있게 돼요. **무슨 일을 할 때 가장 중요한 부분을 완성하는 것을 이르는 말**이에요.

김연아 선수 세계 대회를 휩쓸고 드디어 올림픽 금메달 까지 목에 걸었습니다!

실제상황  퀴즈

'화룡점정'의 뜻이랑 딱 어울리는 상황에 ✓표 하세요.

① 글짓기를 하는데 글이 잘 풀리지 않아 여러 번 새로 시작할 때 ☐

② 삼겹살을 쌈에 싸 먹는데 마지막으로 쌈장을 올려 쌈을 완성할 때 ☐

따/라/쓰/기   畫 龍 點 睛

나 때는
말이야!

8 공부에 관한 고사성어

71	괄목상대 刮目相對	76	온고지신 溫故知新
72	교학상장 教學相長	77	위편삼절 韋編三絕
73	독서백편의자현 讀書百遍義自見	78	절차탁마 切磋琢磨
74	등화가친 燈火可親	79	청출어람 青出於藍
75	맹모삼천지교 孟母三遷之教	80	형설지공 螢雪之功

'괄목상대' 뜻

평소에 똑똑하지 않다고 생각했던 **친구**가
갑자기 **어려운 지식**을 거침없이 말하면 **깜짝** 놀라요.
눈앞의 친구가 내가 아는 사람이 맞는지
눈을 비비고 다시 보게 되지요.
**사람의 모습이 예전보다 훌륭해지고
실력이 좋아진 것을 보았을 때 쓰는 말**이에요.

실제상황  퀴즈

'괄목상대'의 뜻이랑 딱 어울리는 상황에 ✓표 하세요.

① 1학년 때 한글도 잘 못 읽던 친구가
3학년 때 글짓기 대회에서 대상을 탔을 때 ☐

② 어릴 때부터 노래를 잘하던 누나가
여전히 노래를 잘할 때 ☐

따/라/쓰/기   刮   目   相   對

72 교학상장

학문을 닦는 방법에 관한 이야기

敎學相長

가르칠 **교** 배울 **학** 서로 **상** 자랄 **장**

→ 가르치고 배우면서 (스승과 제자가) 서로 성장하다

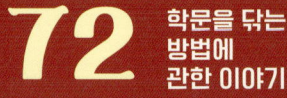

- 스승님, 공부는 어떻게 해야 합니까?
- 공자 ↓ 너희 생각은 어떠냐?
- 먼저 책을 읽어서 배워야 합니다. 배워야 똑똑해질 수 있잖아요.
- 저는 친구를 가르쳐 줄 때 공부가 더 잘 돼요!
- 비켜
- 둘 다 옳구나. 우리는 가르치고 배우면서 서로 성장한단다. 배워야 자기의 부족함을 알고, 남을 가르쳐 봐야 어려움을 알 수 있거든.

'교학상장' 뜻

선생님은 학생을 가르치고, **학생**은 선생님께 배워요.
그래서 언뜻 보면 학생만 공부하는 것처럼 느껴져요.
하지만 선생님도 가르치기 위해 **공부**를 한답니다.
그때 학생들의 **어려움**을 알게 되지요.
가르치고 배우는 과정에서 스승과 제자가 함께 성장한다는 말이에요.

실제상황 퀴즈

'교학상장'의 뜻이랑 딱 어울리는 상황에 ✓표 하세요.

① 선생님의 수업 내용이 이미 아는 내용이라 수업 시간에 딴생각할 때 ☐

② 학생의 질문을 듣고 선생님이 책을 찾아본 후 꼼꼼히 답해 주었을 때 ☐

따/라/쓰/기   教   學   相   長

73 글을 여러 번 읽어 뜻을 깨우친 '동우' 이야기

독서백편의자현

讀書百遍義自見

읽을 **독** 글 서 일백 **백** 횟수 **편** 뜻 **의** 스스로 **자** 나타날 **현**

→ 글(책)을 백 번 읽으면 뜻이 저절로 드러난다

'독서백편의자현' 뜻

우리는 교과서에 나온 내용이 어려우면 참고서를 찾아보거나 선생님께 여쭤봐서 **이해**해요. 하지만 **옛날**에는 **스스로 공부**하는 사람이 많았어요. 그럴 때, **이해하기 어려운 글도 여러 번 반복하여 읽으면 마침내 스스로 그 뜻을 깨우칠 수 있다는 말**이에요.

'독서백편의자현'의 뜻이랑 딱 어울리는 상황에 ✓표 하세요.

① 어릴 때 한자 공부를 해 놓아서
   고사성어를 한 번만 들어도 뜻이 이해될 때 ☐

② 처음에는 영어를 어려워했는데
   여러 번 듣고 따라 읽다 보니 의미가 이해될 때 ☐

| 따/라/쓰/기 | 讀 書 百 遍 義 自 見 |

74 자식에게 독서를 권하는 '한유' 이야기

등화가친

燈火可親

등잔 **등** 불 **화** 가할 **가** 친할 **친**

→ 등불을 가까이 할 수 있다

'등화가친' 뜻

가을은 **독서의 계절**이라는 말이 있어요.
날이 선선하고 하늘이 맑으며 수확의 계절이라
마음에 근심 걱정이 별로 없지요.
그래서 편안한 마음으로 **책 읽기**에 **집중**할 수 있어요.
**선선한 가을은 등잔불 아래에서
책을 읽고 공부하기에 좋다는 말**이에요.

실제상황 퀴즈

'등화가친'의 뜻이랑 딱 어울리는 상황에 ✓ 표 하세요.

① 바람이 살랑살랑 부는 가을밤에
   누나가 스탠드를 켜고 책을 읽을 때 ☐

② 선선한 가을날에
   캠핑을 하러 가서 등불을 켜고 고기를 구울 때 ☐

따/라/쓰/기   燈 火 可 親

75 맹모삼천지교

자식 교육을 위해 세 번이나 이사한 맹자 어머니 이야기

孟母三遷之敎

맏 **맹** 어미 **모** 석 **삼** 옮길 **천** 어조사 **지** 가르칠 **교**

→ 맹자 어머니가 집을 세 번 옮긴 교육

'맹모삼천지교' 뜻

사람은 **환경**의 **영향**을 아주 많이 받아요.
어렸을 때 무엇을 보고 배우느냐에 따라
인생의 미래가 결정 나는 경우도 종종 있지요.
맹자의 **어머니**가 아들을 잘 가르치기 위해
좋은 동네를 찾아 **세 번 이사**한 것처럼
좋은 교육에는 좋은 환경이 중요하다는 말이에요.

엄마, 저 가수 될래요

얼른 짐 챙겨! 노래방 옆으로 이사 가자

실제상황  퀴즈

'맹모삼천지교'의 뜻이랑 딱 어울리는 상황에 ✓표 하세요.

① 연예인이 되고 싶은 형의 꿈을
　부모님이 반대하실 때　　　　　　　□

② 축구 선수를 꿈꾸는 동생을 위해
　어머니가 스페인에 집과 직장을 구했을 때　□

따/라/쓰/기　　孟 母 三 遷 之 教

76 공자가 말한 스승의 자격 이야기

온고지신
溫故知新
익힐 **온** 예 **고** 알 **지** 새 **신**
→ 옛것을 익히고 새것을 알다

'온고지신' 뜻

학교에서 배우는 **지식** 중에는
요즘 시대와 맞지 않는 내용이 있을 수도 있어요.
그런 지식을 왜 배워야 하는지 답답할 수도 있지만,
옛 지식을 익혀야만 **새로운 것**으로
발전시킬 수 있어요.
**전통과 역사를 안 다음에
새 지식을 배우는 배움의 자세**를 말해요.

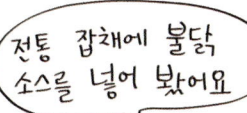

'온고지신'의 뜻이랑 딱 어울리는 상황에 ✓표 하세요.

① 고대 역사를 먼저 공부하고
   그것을 현대 사회의 문제 해결에 적용할 때 ☐

② 그림을 창의적으로 그리기 위해
   아무것도 배우지 않고 마음대로 그릴 때 ☐

| 따/라/쓰/기 | 溫 | 故 | 知 | 新 |

77 노력파 '공자' 이야기

위편삼절
韋編三絕

가죽 **위** 엮을 **편** 석 **삼** 끊을 **절**

→ 책을 엮은 가죽끈이 세 번이나 끊어지다

'위편삼절' 뜻

옛날 중국에서는 **대나무**를 얇게 쪼개서 글자를 쓴 후 **가죽끈**으로 엮어서 **책**을 만들었어요.
그래서 책을 많이 읽다 보면 가죽끈이 헐어서 끊어지곤 했지요.
공자는 《주역》이라는 책을 가죽끈이 **세 번** 끊어질 정도로 **열심히** 읽고 또 읽었대요.
책이 닳고 닳을 때까지 여러 번 읽을 만큼 공부에 노력하는 태도를 말해요.

실제상황 퀴즈

'위편삼절'의 뜻이랑 딱 어울리는 상황에 ✓표 하세요.

① 기타를 배우고 싶어서 샀다가
   자주 안 써서 중고 시장에 되팔 때 ☐

② 한자 급수 시험에 합격하려고
   책을 하도 많이 봐서 책이 찢어졌을 때 ☐

따/라/쓰/기 韋 編 三 絕

78 자연을 보며 군자의 모습을 밝힌 이야기

절차탁마

切磋琢磨

끊을 **절** 갈 **차** 쪼을 **탁** 갈 **마**

→ 칼로 끊고 줄로 갈며 망치로 쪼고 숫돌로 갈다

· 줄: 쇠붙이를 가는 데 쓰는 도구

'절차탁마' 뜻

훌륭한 사람이 되는 길은 멀고도 힘들어요.
게으름 피우지 않고 꾸준히 공부하면서
동시에 인격도 갈고닦아야 하지요.
그렇게 훌륭해진 사람은 꼭 **매끈**하게 다듬어진 모습 같아요.
학문과 인격을 부지런히 **갈고닦아** 훌륭한 사람이 되거나
목표를 향해 끊임없이 노력하는 모습을
표현하는 말이에요.

실제상황 퀴즈

'절차탁마'의 뜻이랑 딱 어울리는 상황에 ✓표 하세요.

① 국가대표 선수가 금메달을 따기 위해
   하루도 빠짐없이 훈련할 때 ☐

② 숙제를 완벽히 하기 위해
   옆 반 친구의 숙제를 그대로 베껴서 낼 때 ☐

切 磋 琢 磨

79 제자 교육을 강조한 '순자' 이야기

청출어람
青出於藍

푸를 **청** 날 **출** 어조사 **어** 쪽 **람**

→ 푸른색은 쪽빛(남색)에서 나왔지만, 그보다 더 푸르다

'청출어람' 뜻

공부를 처음 시작할 때는
선생님보다 더 **똑똑**할 수 없을 거예요.
하지만 열심히 노력하면
얼마든지 **선생님보다** 더 많이 알고
뛰어난 사람이 될 수 있어요.
제자가 스승보다 더 뛰어나다는 말이에요.

실제상황 퀴즈

'청출어람'의 뜻이랑 딱 어울리는 상황에 ✓표 하세요.

① 아무리 시간을 들여 노력해도
　친구보다 달리기가 빨라지지 않을 때　☐

② 미술 선생님의 꼼꼼한 가르침을 받고
　세계적인 화가가 되었을 때　☐

따/라/쓰/기　　青　出　於　藍

80 형설지공

어려움을 이겨내고 공부한 '손강'과 '차윤' 이야기

螢雪之功

반딧불이 **형** 눈 **설** 어조사 **지** 공 **공**

→ 반딧불과 눈빛으로 한 공부

'형설지공' 뜻

옛날에는 전기가 없어서
해가 지면 모두 잠을 자거나 등잔불을 켜서 공부해야 했어요.
하지만 **가난한 사람**들은 기름을 살 돈이 없어서
등불을 밝히기가 어려웠지요.
그래도 포기하지 않고
어떻게든 **공부**한 사람들이 있어요.
어려운 상황을 이겨내고 열심히 공부한다는 말이에요.

실제상황 퀴즈

'형설지공'의 뜻이랑 딱 어울리는 상황에 ✓ 표 하세요.

① 집안이 어려운 친구가 중고 서점에서 산 책으로
  열심히 공부해서 1등 했을 때 ☐

② 학교 공부에는 관심이 없는 친구가
  곤충 채집에 엄청난 재능이 있을 때 ☐

따/라/쓰/기   螢   雪   之   功

너랑 나랑은
무슨 사이?

9 관계에 관한 고사성어

- **81** 간담상조 肝膽相照
- **82** 관포지교 管鮑之交
- **83** 난형난제 難兄難弟
- **84** 도원결의 桃園結義
- **85** 막역지우 莫逆之友
- **86** 문경지교 刎頸之交
- **87** 오월동주 吳越同舟
- **88** 이심전심 以心傳心
- **89** 죽마고우 竹馬故友
- **90** 지음 知音

81 친구 유종원과의 우정을 그리워한 '한유' 이야기

간담상조
肝膽相照

간 **간** 쓸개 **담** 서로 **상** 비출 **조**
→ 간과 쓸개를 서로에게 내보이다

'간담상조' 뜻

간과 **쓸개**는 우리 몸 아주 깊숙한 곳에 있어요.
그것을 꺼내어 보인다는 건
속마음까지 다 보여 준다는 뜻이에요.
아무리 친한 사이라도 솔직한 모습을 다 보여 주는 건 쉽지 않아요.
그래도 마음을 터놓고 지내다 보면
서로 **믿음**을 가지고 사귈 수 있어요.
==서로 속마음을 숨김없이 털어놓고
친하게 사귄다는 말==이에요.

실제상황 퀴즈

'간담상조'의 뜻이랑 딱 어울리는 상황에 ✓표 하세요.

① 축구를 잘하지 못하는 친구를 놀리고
   같이 놀지 않으려고 은근히 따돌릴 때 ☐

② 준비물을 안 가져온 내 사정을 친한 친구가 알고
   준비물을 같이 쓰자고 먼저 말해 줄 때 ☐

   肝 膽 相 照

82 관포지교

'관중'과 '포숙아'의 참된 우정 이야기

관포지교
管鮑之交

이름 **관** 이름 **포** 어조사 **지** 사귈 **교**

→ 관중과 포숙아의 사귐

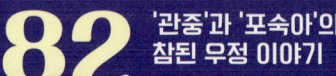

'관포지교' 뜻

관중은 가난했고, 오랫동안 사람들에게 인정받지 못했어요. 하지만 친구 포숙아는 그런 관중을 무시하지 않고 언젠가 빛을 볼 날이 있을 것이라며 응원했지요. 친구를 끝까지 믿어 주고 함께한 포숙아 덕분에 관중은 마침내 한 나라의 재상까지 되었어요. **영원히 변치 않는 참된 우정을 이르는 말**이에요.

실제상황 퀴즈

'관포지교'의 뜻이랑 딱 어울리는 상황에 ✓표 하세요.

① 체육 시간에 달리기 짝이 된 친구와 하나부터 열까지 안 맞을 때 ☐

② 어릴 적부터 둘도 없이 친한 친구가 내 단점을 이해하고 감싸 줄 때 ☐

| 따/라/쓰/기 | 管 | 鮑 | 之 | 交 |

83 우열을 가리기 어려운 형제 이야기

난형난제
難兄難弟

어려울 **난** 형 **형** 어려울 **난** 아우 **제**

→ 형이라 하기도 어렵고 동생이라 하기도 어렵다

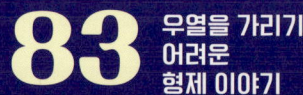

'난형난제' 뜻

누가 더 낫고 못한지 겨루는 상대를 **경쟁자**라고 해요.
경쟁자가 있으면 부담이 되기도 하지만,
선의의 경쟁이 되어서 실력이 함께 좋아지기도 해요.
그런데 경쟁자의 **실력**이 **비슷**하면
누가 더 나은지 판단하기 어려울 거예요.
학문이나 재능, 인격 등이 비슷해서
누가 잘하고 못하는지 가리기 어렵다는 말이에요.

실제상황 퀴즈

'난형난제'의 뜻이랑 딱 어울리는 상황에 ✔표 하세요.

① 두 육상 선수의 실력이 비슷해서
   대회에서 번갈아 가며 우승할 때 ☐

② 노래 경연 대회에서 참가자 한 명이
   압도적으로 노래를 잘할 때 ☐

따/라/쓰/기   難 兄 難 弟

'유비, 관우, 장비'가 의형제를 맺은 이야기

도원결의
桃園結義

복숭아 **도** 동산 **원** 맺을 **결** 의로울 **의**
→ 복숭아 동산에서 의형제를 맺다

'도원결의' 뜻

뜻이 맞는 사람과 **함께** 일하면
어려움이 닥쳐도 서로 도우며 헤쳐나가기 쉬워요.
나라와 백성을 위해 큰일을 하고 싶던 **유비**, **관우**, **장비**는
그 뜻을 이루기 위해 **의형제**를 맺고 힘을 모았어요.
==뜻이 맞는 사람끼리 같은 목적을 이루기 위해
함께 행동할 것을 약속한다는 말==이에요.

실제상황 퀴즈

'도원결의'의 뜻이랑 딱 어울리는 상황에 ✓표 하세요.

① 농구를 좋아하는 다섯 친구가 농구팀을 만들어
   영원히 함께하자고 약속할 때 ☐

② 늘 게임을 같이 하던 친구 세 명이
   싸워서 다시는 서로를 안 볼 때 ☐

 桃 園 結 義

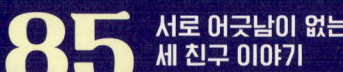

85 막역지우
서로 어긋남이 없는 세 친구 이야기

莫逆之友

없을 **막**   거스를 **역**   어조사 **지**   벗 **우**

→ 서로 거스름이 없는 친구

"여보게, 우리는 어떤 친구인가?"

"굳이 사귀자고 말하지 않아도 사귀는 친구?"

"억지로 돕지 않아도 서로 도움이 되는 친구?"

"허허, 그러면 우리는 서로 마음에 거슬리는 데가 없는 친구 사이네!"

맞아 맞아

'막역지우' 뜻

사귀는 게 아니면서도 사귀는 **친구**,
서로 돕는 게 아니면서도 돕는 친구는 어떤 사이일까요?
가족처럼 편하게 지내는 **사이**예요.
서운함이나 아쉬움도 없고 흉도 보지 않는 사이지요.
그래서 아주 **자유**롭고 **자연스럽게** 행동할 수 있어요.
==서로 허물없이 편하게 지내는 친한 친구==를 말해요.

실제상황 퀴즈

'막역지우'의 뜻이랑 딱 어울리는 상황에 ✔표 하세요.

① 내가 서운한 말을 해도 오해하지 않고
  진심으로 받아 주는 친구가 있을 때 ☐

② 친구와 밥을 먹다가 방귀를 뀌었는데
  친구가 화를 내며 다른 친구들에게 소문냈을 때 ☐

따 / 라 / 쓰 / 기   莫 逆 之 友

86 문경지교

죽음도 함께할 벗이 된 '인상여'와 '염파' 이야기

刎頸之交

벨 **문** 목 **경** 어조사 **지** 사귈 **교**

→ 목을 베어 줄 수 있는 사귐

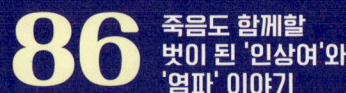

- 인상여에게 큰 벼슬을 내리겠다.
- 폐하, 성은이 망극하옵니다.
- 인상여
- 질투난다
- 염파
- 인상여가 잘나면 얼마나 잘났어? 나보다 힘이 세?
- 당연히 염파님이 더 낫지요!
- 염파가 인상여님 흉을 보고 다닌답니다!
- 나에게 그런 말을 전하지 마시오. 나는 염파와 내가 있어 나라가 탄탄해졌다고 믿소!
- 며칠 후
- 제가 어리석어 인상여님의 넓은 마음을 몰랐습니다.
- 허허, 이제 우리는 서로를 위해 목을 베어 줄 수도 있는 벗이 된 걸세.

200

'문경지교' 뜻

친구가 위험에 처하면 어떻게 할 건가요?
당장 구하러 갈지,
아니면 같이 위험해질까 봐 모른 척할지, 고민될 거예요.
서로를 위해 위험을 무릅쓰거나 대신 죽을 수 있을 만큼의
깊은 우정은 흔치 않아요.
우정이 매우 깊어서 삶과 죽음을 함께할 수 있는 친구 사이를 말해요.

실제상황 퀴즈

'문경지교'의 뜻이랑 딱 어울리는 상황에 ✔표 하세요.

① 친구가 새로 산 운동화를 신은 것을 보고
부모님께 똑같은 운동화를 사 달라고 할 때 ☐

② 친구가 체해서 토하는 모습을 보고 얼른 달려가
등을 두드려 주며 토를 대신 치워 줄 수 있을 때 ☐

| 따/라/쓰/기 | 刎 | 頸 | 之 | 交 |

87 오월동주

한배를 탄 오나라 사람과 월나라 사람 이야기

吳越同舟

오나라 **오** 월나라 **월** 같을 **동** 배 **주**

→ 오나라와 월나라가 한배를 타다

'오월동주' 뜻

아무리 서로 미워하는 원수 사이라도 **같은 위기**에 처하면 서로 **힘**을 모아야 해요.
안 그러면 둘 다 손해를 보게 되지요.
일단 **위기**를 **극복**한 다음 다퉈도 늦지 않아요.
서로 미워하는 사이라도 어려운 상황에서는 힘을 합쳐 서로 돕는다는 말이에요.

실제상황 퀴즈

'오월동주'의 뜻이랑 딱 어울리는 상황에 ✓ 표 하세요.

① 어릴 적부터 마음이 잘 맞던 친구와
   미술 대회에서 경쟁자로 만났을 때 ☐

② 반에서 1, 2등을 다투던 라이벌이
   한 팀을 이루어 로봇 발명 대회에 나갔을 때 ☐

따/라/쓰/기   吳 越 同 舟

88 이심전심

말없이 마음이 통한 '석가모니'와 제자 이야기

以心傳心

써**이** 마음**심** 전할**전** 마음**심**

→ 마음으로써 마음을 전하다

'이심전심' 뜻

구구절절 이야기하지 않아도 **눈빛**만 보고 서로 **속마음**까지 아는 친구가 있나요? 가족이나 아주 친한 친구와는 마음이 잘 통해서 굳이 내 생각을 설명하지 않아도 될 때가 있어요. ==말이나 글이 아니라 마음과 마음으로 서로 뜻이 통한다는 말==이에요.

실제상황 퀴즈

'이심전심'의 뜻이랑 딱 어울리는 상황에 ✓표 하세요.

① 친구와 분식집에 갔는데 의논하지 않고도 동시에 순대를 주문할 때 ☐

② 눈이 내리는 날, 나는 눈사람을 만들고 싶은데 친구는 눈싸움하자고 할 때 ☐

   以 心 傳 心

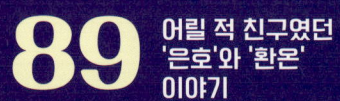

'죽마고우' 뜻

지금보다 더 어렸을 때 함께 놀던 친구들이 기억나나요?
그중에는 여전히 친하게 지내는 친구도 있지만,
어쩌다 사이가 멀어진 친구도 있을 거예요.
은호와 환온은 **어릴 적**에 함께 놀던 **친구**였어요.
하지만, 자라서는 서로 마음이 어긋난 사이가 되고 말았지요.
어릴 때 함께 놀며 친하게 지낸 친구를 이르는 말이에요.

어릴 때부터 나랑 같이 뛰놀며 컸던 사이야

안물안궁

실제상황 퀴즈

'죽마고우'의 뜻이랑 딱 어울리는 상황에 ✓표 하세요.

① 유치원 때 친했던 친구를 초등학교 친구에게 소개할 때 ☐

② 새 학년이 되어 처음 만난 친구에게
   만나서 반갑다고 말할 때 ☐

따/라/쓰/기 　竹　馬　故　友

90 지음 知音

거문고를 잘 뜯는 '백아'와 친구 '종자기' 이야기

알 **지** 소리 **음**
→ 소리를 알아듣다

'지음' 뜻

내가 하는 말이나 행동이 무슨 뜻인지
척하면 아는 친구가 있어요.
그런 친구가 곁에 있으면 절로 힘이 나지요.
속상하거나 억울한 일이 있어도
친구의 위로와 응원을 받고 금세 기운을 차릴 거예요.
==나의 속마음을 잘 이해하고
알아주는 친구==를 말해요.

실제상황 퀴즈

'지음'의 뜻이랑 딱 어울리는 상황에 ✓표 하세요.

① 내가 그린 그림을 보고
   내 생각을 기막히게 알아맞히는 친구를 만났을 때 ☐

② 실수로 친구에게 욕을 했는데
   친구가 나에게 더 심한 욕을 할 때 ☐

따/라/쓰/기

이런 사람,
저런 사람,
만나 보자!

인물에 관한 고사성어

10

91	개과천선 改過遷善	96	양상군자 梁上君子
92	구상유취 口尙乳臭	97	인자무적 仁者無敵
93	군계일학 群鷄一鶴	98	천리안 千里眼
94	문일지십 聞一知十	99	철면피 鐵面皮
95	백미 白眉	100	호연지기 浩然之氣

개과천선

91 잘못을 고쳐 새사람이 된 '주처' 이야기

改過遷善

고칠 **개** 허물 **과** 옮길 **천** 착할 **선**

→ 잘못을 고쳐서 착하게 바뀌다

'개과천선' 뜻

나쁜 버릇이나 **못된 심성**을 고치는 건
쉬운 일이 아니에요.
습관처럼 옛날 버릇이 자꾸 튀어나오기 때문이지요.
하지만 잘못을 바로잡겠다는 **굳센 의지**가 있다면
결국에는 **착한 사람**으로 다시 태어날 수 있을 거예요.
**지난날의 잘못이나 못된 행동을 고쳐
올바르고 착하게 된다는 말**이에요.

 퀴즈

'개과천선'의 뜻이랑 딱 어울리는 상황에 ✓표 하세요.

① 어릴 때 나를 괴롭히던 형이 중학생이 된 후에
   나를 걱정하고 보살펴 줄 때 ☐

② 1학년 때 몸이 약해서 태권도를 배운 친구가
   검은 띠를 딴 후에 약한 친구들을 괴롭힐 때 ☐

따/라/쓰/기

92 한나라 왕 '유방'이 적의 장수 '백직'을 평가한 이야기

구상유취

口尚乳臭

입 **구** 아직 **상** 젖 **유** 냄새 **취**

→ 입에서 아직 젖 냄새가 나다

'구상유취' 뜻

'하룻강아지 범 무서운 줄 모른다'라는 속담이 있어요. 어떤 일에 관해 잘 모르거나 경험이 없는 사람이 함부로 덤비는 것을 비꼬는 말이에요. 이런 사람들은 나이가 어린 아이처럼 철없이 행동한다고 상대에게 무시당하거나 얕보일 수 있어요. 행동이 아직 어린애 같은 사람에게 쓰는 말이에요.

'구상유취'의 뜻이랑 딱 어울리는 상황에 ✔표 하세요.

① 동생이 먹는 분유가 맛있어 보여서 분유통에 있는 가루를 자꾸 먹게 될 때 ☐

② 권투 챔피언이 1년 차 새내기에게 도전장을 받고 무시하며 얕잡아 말할 때 ☐

| 따/라/쓰/기 | | |  |  |

93 누구보다 뛰어난 '혜소' 이야기

군계일학

群鷄一鶴
무리 **군** 닭 **계** 한 **일** 학 **학**
→ 닭의 무리 속에 있는 한 마리의 학

'군계일학' 뜻

어느 무리든 **눈에 띄는 사람**이 있어요.
마음이 아름다운 사람, 재능이 넘치는 사람,
공부를 잘하는 사람, 운동 실력이 뛰어난 사람처럼 말이에요.
그런 사람들은 **누구보다 노력**을 많이 했을 거예요.
그런 노력 끝에 사람들에게 **인정** 받은 것이겠지요.
==많은 사람 중에 뛰어난 한 사람을 이르는 말==이에요.

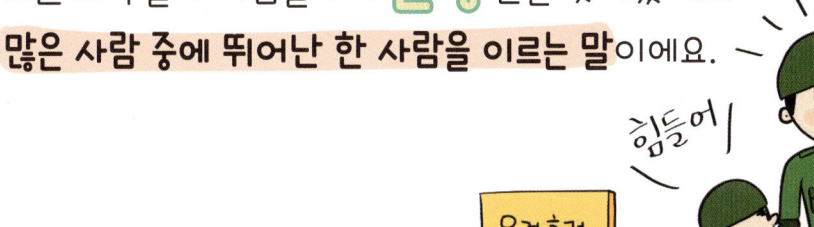

실제상황 퀴즈

'군계일학'의 뜻이랑 딱 어울리는 상황에 ✔표 하세요.

① 피겨 스케이팅 대회에서 월등한 실력으로
   당당히 금메달을 딴 선수를 볼 때 ☐

② 멀쩡한 사과들 사이에
   작고 멍든 사과가 하나 껴 있을 때 ☐

따/라/쓰/기   群 鷄 一 鶴

94 공자가 가장 아끼는 제자 '안회' 이야기

문일지십

聞 一 知 十
들을 **문** 한 **일** 알 **지** 열 **십**

→ 하나를 들으면 열을 안다

'문일지십' 뜻

공자는 3천 명이나 되는 제자 중에 **안회**를 가장 아꼈어요. 안회는 **예의**를 잘 지키고, 부모님을 **공경**하고, **겸손**하고, 돈에 욕심을 부리지도 않았지요. 이렇게 누구보다 공자의 가르침을 잘 **실천**했기 때문에 안회는 공자의 총애를 받을 수밖에 없는 사람이었어요. **하나를 배우면 열을 깨칠 만큼 총명하고 영리한 사람에게 쓰는 말**이에요.

실제상황 퀴즈

'문일지십'의 뜻이랑 딱 어울리는 상황에 ✓표 하세요.

① 동생에게 구구단 2단을 가르쳐 주었더니 그 원리를 이해해서 9단까지 스스로 외울 때 ☐

② 친구의 소문 하나를 듣고 열 배로 부풀려서 옆 반에 소문낼 때 ☐

따라쓰기 聞 一 知 十

95 백미 마씨 형제 중에 가장 뛰어난 '마량' 이야기

백미
白眉
흰 **백** 눈썹 **미** → 흰 눈썹

'백미' 뜻

중국 역사에서 가장 똑똑한 인물로 손꼽히는 사람은 공명 선생이라고 불리는 '제갈량'이에요.
그는 어린 나이에 유비에게 뽑혀 나라의 스승이 되었어요.
제갈량만큼 **훌륭한 인물**로 '마량'이라는 사람이 있어요. **눈썹**에 **흰 털**이 섞여 있어서 사람들이 그를 '백미'라고 불렀대요. **여럿 가운데 가장 뛰어난 사람이나 작품을 부르는 말**이에요.

실제상황 퀴즈

'백미'의 뜻이랑 딱 어울리는 상황에 ✓표 하세요.

① 아빠가 해 주신 잡곡밥이 싫어서 흰쌀밥을 달라고 말할 때 ☐

② 전시회에 걸린 그림 중에 유난히 뛰어난 한 작품을 가리킬 때 ☐

따/라/쓰/기 白 眉 白 眉

96 도둑의 잘못을 깨우친 선비 '진식' 이야기

양상군자
梁上君子

대들보 **양** 위 **상** 임금 **군** 아들 **자**
→ 대들보 위의 군자

'양상군자' 뜻

군자(君子)는 유교에서 말하는 **훌륭한 사람**이에요.
그런데 진식이라는 선비는
도둑을 **'대들보 위의 군자'**라고 말했어요.
도둑이 군자처럼 훌륭해서가 아니라
도둑 스스로 **잘못**을 **깨닫게** 해 주기 위해서였지요.
그 후로 '대들보 위의 군자'는
도둑을 가리키는 말이 되었어요.

실제상황  퀴즈

'양상군자'의 뜻이랑 딱 어울리는 상황에 ✓표 하세요.

① 철없이 내 물건을 가져간 친구에게
  부드럽게 잘못을 지적하고 싶을 때 ☐

② 친구들과 모여서 다른 친구를 괴롭힐 방법을 모의할 때 ☐

따/라/쓰/기   梁　上　君　子

97 전쟁의 치욕을 씻는 법을 말한 '맹자' 이야기

인자무적

仁者無敵

어질 **인** 사람 **자** 없을 **무** 원수 **적**

→ 인자한 사람에게는 적이 없다

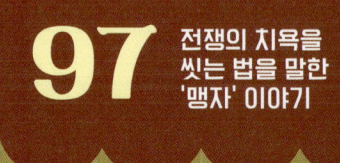

"너무 분해서 그대를 불렀소." (양나라 왕)
맹자 ↓

"전쟁에서 진 치욕을 어떻게 하면 씻을 수 있소?"

"흠, 그것은…. 생각보다 쉽습니다!"

"과연 그 방법이 통할까…?"

"폐하, 인자한 사람에게는 적이 없다는 말이 있습니다. 저를 믿어 보십시오."

"더 싸우려고 하지 말고, 백성의 마음이 넉넉해지도록 인자한 정치를 하십시오. 백성을 잘 대하면, 백성 스스로 나라를 위해 힘껏 일하고 싸울 것입니다."

'인자무적' 뜻

강한 사람은 어떤 사람일까요?
힘이 센 사람일까요? 아니면, 돈이 많은 사람일까요?
맹자는 **인자**하고 행실이 바르며 **모범**이 되는 사람이
강하다고 했어요. 그런 사람은 많은 사람의
존경과 **지지**를 받기 때문에
누구도 함부로 대할 수 없대요.
그러므로 **인자한 사람에게는
적이 없다는 말**이에요.

###

'인자무적'의 뜻이랑 딱 어울리는 상황에 ✓표 하세요.

① 몸집이 큰 6학년 형들이
  어린 꼬마들의 돈을 뺏는 모습을 봤을 때　☐

② 부드러운 미소와 말투를 가진 선생님을
  많은 학생이 따르는 모습을 봤을 때　☐

따/라/쓰/기　　仁　者　無　敵

98 백성을 진심으로 아낀 '양일' 이야기

천리안
千里眼

일천 **천** 거리 단위 **리** 눈 **안**

→ 천 리 밖을 내다보는 눈

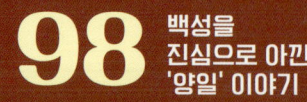

'천리안' 뜻

실제로 보지 않고는
세상에서 일어나는 일들을 모두 알기 어려워요.
그러나 **관찰력**이 뛰어나고, **아는 것**이 많고,
생각을 **깊이** 하면, 드러나지 않은 것도 볼 수 있대요.
**먼 데서 일어난 일이나 앞날을 꿰뚫어 보는
뛰어난 능력을 가리키는 말**이에요.

'천리안'의 뜻이랑 딱 어울리는 상황에 ✓표 하세요.

① 엄마 몰래 밤새 이불 속에서 게임을 했는데
　다음 날 엄마가 다 알고 계실 때　　　　　□

② 시력이 안 좋아서 가까이 있는 것도
　잘 안 보인다고 말할 때　　　　　　　　　□

따/라/쓰/기　

99 철면피

출세를 위해 부끄러움을 모른 '왕광원' 이야기

鐵面皮

쇠 **철** 얼굴 **면** 가죽 **피**

→ 철갑처럼 두꺼운 얼굴 가죽

'철면피' 뜻

사람의 **얼굴**에는 **다양한 감정**이 나타나요.
슬프면 슬픈 표정, 기쁘면 기쁜 표정,
부끄러우면 얼굴이 벌게지면서 부끄러운 표정이 나타나지요.
하지만 이런 감정을 못 느끼는 사람의 얼굴은
마치 **얼굴**에 **철갑**이 씌워진 것처럼
표정 변화가 없을 거예요.
부끄러운 줄 모르는 뻔뻔한 사람에게 쓰는 말이에요.

실제상황 퀴즈

'철면피'의 뜻이랑 딱 어울리는 상황에 ✓표 하세요.

① 선물 받은 케이크를 먹으려다가
   동생에게 줄 케이크를 미리 잘라 남겨 둘 때 ☐

② 급식 줄에 갑자기 새치기한 친구가
   미리 서 있던 친구들에게 미안해하지 않을 때 ☐

따/라/쓰/기 鐵 面 皮 ★

100 넓고 큰 기개를 키운 '맹자' 이야기

호연지기
浩然之氣

넓을 **호** 그럴 **연** 어조사 **지** 기운 **기**
→ 넓고 큰 모습을 가진 기운

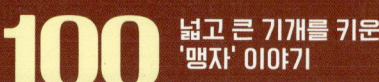

- 스승님께서 재상이 되시면, 나라가 아주 강해질 겁니다.
- 나는 그런 욕심이 없단다.
- 왜요?
- 내 나이 마흔이 되니, 마음이 쉽게 흔들리지 않는구나.
- 마음이 흔들리지 않으려면 어떻게 해야 하지요?
- 먼저, 마음에 부끄러운 일을 만들지 않아야 한단다.
- 그러고 나서 마음에 넓고 큰 기운(용기)을 불어 넣으면 되느니라! 그러면 마음이 강해지지!

'호연지기' 뜻

우리 마음을 잘 들여다보면, 변덕이 아주 심해요.
하루에 열두 번도 넘게 기분이 좋았다 나빴다 하지요.
이렇게 오락가락하는 **마음**을 **차분**하게 **안정** 시키려면,
맹자의 말처럼 **넓고 큰마음**을 길러야 해요.
대장부처럼 **세상에 꺼릴 것 없이 힘차게 나아가는 크고 넓은 마음을 이르는 말**이에요.

'호연지기'의 뜻이랑 딱 어울리는 상황에 ✓표 하세요.

① 두려운 상황에서도 겁내지 않고 차분한 마음으로
   용기 있게 위기에 대처할 때 ☐

② 어버이날에 길러 주신 은혜에 감사하며
   부모님께 카네이션을 선물할 때 ☐

따/라/쓰/기   浩 然 之 氣

부록

알고 보면 자주 쓰이는
사자성어

알고 보면 자주 쓰이는 사자성어

01 감언이설 甘言利說

달 **감** 말씀 **언** 이로울 **이** 말씀 **설**

→ **달콤한 말**과 **이롭게 꾸민 말**을 뜻해요.
원하는 것을 얻기 위해 남의 비위를 맞추거나
거짓으로 추켜세우며 칭찬하는 말이지요.
이런 감언이설에 속아 넘어가면 안 돼요.

02 견물생심 見物生心

볼 **견** 물건 **물** 날 **생** 마음 **심**

→ **물건**을 보면 **갖고 싶은 마음**이 생긴다는 뜻이에요.
집에 장난감이 많은데도 새 장난감을 보면 욕심이 나지요.
견물생심이라고, 근사한 물건을 보면
그냥 지나치기 쉽지 않아요.

* 사자성어: 네 글자로 이루어진 말

03 경거망동 輕擧妄動

가벼울 **경**   들 **거**   망령될 **망**   움직일 **동**

→ **가볍게** 움직이고 **망령되게** 행동한다는 뜻이에요.

'망령되다'라는 말은 말이나 행동이 정상이 아니라는 뜻이에요. 앞뒤 사정을 따지지 않고 조심성 없이 함부로 행동하는 경우지요. 경거망동하면 사람이 가볍게 보여요.

04 고진감래 苦盡甘來

쓸 **고**   다할 **진**   달 **감**   올 **래**

→ **쓴 것**이 다하면 **단 것**이 온다는 뜻이에요.

어렵고 힘든 일을 겪고 나면 즐겁고 좋은 일이 온다는 말이지요. 힘든 일이 닥칠 때마다 고진감래라는 말을 생각하며 참고 견디면 나중에 보상을 넉넉히 받을 거예요.

알고 보면 자주 쓰이는 사자성어

05 | 구사일생 九死一生

아홉 **구** 죽을 **사** 한 **일** 날 **생**

→ **아홉 번 죽을 뻔**하다가 **한 번 살아난다**는 뜻이에요.
죽을 고비를 여러 번 넘기고 겨우 목숨을 건진다는 말이지요.
<u>구사일생</u>으로 목숨을 건지는 건 큰 행운이에요.

06 | 권선징악 勸善懲惡

권할 **권** 착할 **선** 징계할 **징** 악할 **악**

→ **착한 행실**을 권하고 **악한 행실**을 벌한다는 뜻이에요.
예나 지금이나 부모님께 효도하고, 형제자매와 싸우지 않고,
친구들과 사이좋게 지내는 것이 착한 행실이지요.
착한 흥부가 복을 받고, 못된 놀부가 벌을 받는 <흥부전>의 주제가
바로 <u>권선징악</u>이에요.

07 다사다난 多事多難

많을 **다** 일 **사** 많을 **다** 어려울 **난**

→ **일**도 **많고 어려움**도 **많다**는 뜻이에요.
한 해가 저물 때 텔레비전 뉴스에서 일 년 동안 일어난 일을 돌아보며 쓰는 표현 중 하나예요. 다사다난했던 한 해를 마무리하고 밝은 새해를 맞이하길 바란다고 말하지요.

08 다재다능 多才多能

많을 **다** 재주 **재** 많을 **다** 능할 **능**

→ **재주**도 많고 **능력**도 뛰어나다는 뜻이에요.
노래도 잘 부르고, 그림도 잘 그리고, 달리기도 잘하고, 수학도 잘하는 사람이 있어요. 한 가지를 잘하기도 쉽지 않은데 이렇게 **여러 가지**를 다 **잘하는 사람**을 다재다능하다고 말해요.

알고 보면 자주 쓰이는 **사자성어**

09 | 대동소이 大同小異

큰 **대** 같을 **동** 작을 **소** 다를 **이**

→ 대부분 같고 조금 다르다는 뜻이에요.
전체적으로 비슷하다는 표현이지요.
가게에 진열된 물건들이 대동소이하면,
어느 것을 고를지 쉽게 결정하지 못해요.

10 | 동고동락 同苦同樂

같을 **동** 괴로울 **고** 같을 **동** 즐거울 **락**

→ **괴로움**도 **함께**하고 **즐거움**도 **함께**한다는 뜻이에요.
한 팀이 되어 운동을 하거나 과제를 할 때면
힘든 일이든 즐거운 일이든 같이하게 돼요.
동고동락하다 보면 서로 믿음이 생기고 친해지지요.

11 동문서답 東問西答

동녘 **동** 물을 **문** 서녘 **서** 대답 **답**

→ 동쪽을 물었는데 서쪽을 대답한다는 뜻이에요.
묻는 말에 전혀 맞지 않는 **엉뚱한 답**을 늘어놓는 것이지요.
질문을 제대로 이해하지 못하거나 상대방이 난처한 질문을 해서
피하고 싶을 때 동문서답하는 경우가 많아요.

12 동분서주 東奔西走

동녘 **동** 달아날 **분** 서녘 **서** 달릴 **주**

→ 동쪽으로 뛰고 서쪽으로 달린다는 뜻이에요.
이리저리 몹시 바쁘게 돌아다니는 모습을 나타내요.
갑자기 해결해야 할 문제가 생기면 생각할 틈도 없이
동분서주하며 여기저기 뛰어다닐 거예요.

알고 보면 자주 쓰이는 **사자성어**

13 | 동상이몽 同床異夢

같을 **동** 침상 **상** 다를 **이** 꿈 **몽**

→ **같은 침대**에 누워 **다른 꿈**을 꾼다는 뜻이에요.
겉으로는 같은 마음인 것처럼 보이지만,
속으로는 다른 생각을 하는 것이지요.
한 팀인 친구들이 동상이몽이면
경기에서 뭉치기가 어려워요.

14 | 막상막하 莫上莫下

없을 **막** 위 **상** 없을 **막** 아래 **하**

→ 위도 없고 아래도 없다는 뜻이에요.
수준이나 **실력**이 **비슷**해서 누가 더 잘하고 못하는지
가리기 어려운 경우지요. 올림픽 결승전을 치르는 두 선수는
실력이 막상막하여서 누가 금메달을 딸지 예측하기 어려워요.

15 무용지물 無用之物

없을 **무** 쓸 **용** 어조사 **지** 물건 **물**

→ **쓸모없는 물건**이라는 뜻이에요.
고장이 나서 쓸모가 없어진 물건이나
계획한 일을 안 하게 되어 쓸모없어지는 것을 말하지요.
요리하려고 냄비를 샀는데 가스가 끊겨 요리를 못 하게 되면
새 냄비가 무용지물이에요.

16 박학다식 博學多識

넓을 **박** 배울 **학** 많을 **다** 알 **식**

→ **널리 배우고 많이 안다**는 뜻이에요.
많은 분야를 배우고 깊이 있게 이해하여 정확히 아는 것이지요.
공부를 열심히 하고 책을 많이 읽으면
박학다식한 사람이 될 수 있어요.

알고 보면 자주 쓰이는 사자성어

17 | 배은망덕 背恩忘德

배반할 **배** 은혜 **은** 잊을 **망** 덕 **덕**

→ 은혜를 **배신**하고 받은 **덕을 잊는다**는 뜻이에요.
어려움에 빠진 사람을 도와주었더니 고마워하기는커녕 오히려 탓을 하거나 아예 모른 체하는 경우지요.
은혜를 저버리는 배은망덕한 사람이 되어서는 안 돼요.

18 | 백발백중 百發百中

일백 **백** 쏠 **발** 일백 **백** 맞힐 **중**

→ 백 번 쏘아 백 번 맞힌다는 뜻이에요.
실제로 활이나 총 같은 것을 거의 다 명중시킬 때도 이 말을 쓰지만, 계획이 **척척** 들어맞거나 **실패 없이 잘 될 때**도 이 말을 써요.
어떤 일이든 철저히 준비하면 백발백중으로 성공할 거예요.

19 비몽사몽 非夢似夢

아닐 **비** 꿈 **몽** 같을 **사** 꿈 **몽**

→ 꿈이 아닌 듯 꿈인 것 같기도 하다는 뜻이에요. 완전히 잠들지도 않고 잠에서 깨지도 않은 어렴풋한 상태지요.
비몽사몽 중에는 아무리 책을 읽어도 머릿속에 잘 들어오지 않아요.

20 사생결단 死生決斷

죽을 **사** 살 **생** 결단할 **결** 끊을 **단**

→ 죽는 것과 사는 것을 판단하여 결정한다는 뜻이에요.
죽음과 삶 중에 하나를 선택해야 할 정도로 위기의 순간에 목숨을 걸고 온 힘을 다한다는 것이지요.
국가대표는 사생결단의 마음으로 경기에 임한대요.

알고 보면 자주 쓰이는 **사자성어**

21 살신성인 殺身成仁

죽일 **살** 몸 **신** 이룰 **성** 어질 **인**

→ 자기 몸을 희생해서 인(仁)을 이룬다는 뜻이에요.
'인'이란 남을 사랑하고 좋게 대하는 마음이에요.
이웃과 공동체를 위해 **목숨을 바쳐 옳은 일을 하는 것**이지요.
소방관은 <u>살신성인</u>의 자세로 사람들을 구해 줘요.

22 삼삼오오   三三五五

석 **삼** 석 **삼** 다섯 **오** 다섯 **오**

→ 세 명씩 다섯 명씩 모여 있다는 뜻이에요.
사람들이 무리 지어 **이곳저곳**에 **흩어져** 있는 모습을 가리켜요.
쉬는 시간에는 아이들이 <u>삼삼오오</u> 모여
깔깔거리며 이야기를 나누어요.

23 상전벽해 桑田碧海

뽕나무 **상** 밭 **전** 푸를 **벽** 바다 **해**

→ 뽕나무밭이 푸른 바다로 변한다는 뜻이에요. 밭이 바다로 변할 만큼 **세상이 몰라보게 달라졌다**는 것이지요. 어렸을 때 살던 마을이 개발되어 큰 도로가 생기고 높은 건물들이 들어선 모습을 보면 상전벽해를 느껴요.

24 새옹지마 塞翁之馬

변방 **새** 늙은이 **옹** 어조사 **지** 말 **마**

→ **변방에 사는 늙은이의 말**이라는 뜻이에요. 한 노인이 키우던 말이 도망가서 속상했는데 짝을 데리고 와서 오히려 복이 되었어요. 그러다 아들이 말을 타다 떨어져 다쳐서 다시 근심이 생겼는데, 도리어 이 일로 아들이 전쟁터에 나가지 않게 되었어요. 새옹지마처럼 세상일의 좋고 나쁨은 알 수 없지요.

알고 보면 자주 쓰이는 **사자성어**

25 설상가상 雪上加霜

눈 **설** 위 **상** 더할 **가** 서리 **상**

→ **눈 위**에 **서리**가 **더해진 것**과 같다는 뜻이에요.

어려운 일이 연달아 일어난 것이지요.
눈만 내려도 추운데, 서리까지 덮이면 아예 꽁꽁 얼어붙을 거예요.
약속 시각에 늦었는데 설상가상으로 길까지 막히는 경우지요.

26 송구영신 送舊迎新

보낼 **송** 예 **구** 맞을 **영** 새 **신**

→ **묵은해**를 **보내고 새해**를 **맞이한다**는 뜻이에요.

새해를 축하하는 연하장에 많이 쓰이는 인사말이에요.
우리나라의 대표 송구영신 행사는 12월 31일 자정(밤 12시)에
서울 종로의 보신각종을 33번 치는 행사예요.

27 수수방관 袖手傍觀

소매 **수** 손 **수** 곁 **방** 볼 **관**

→ 손을 소매에 넣고 **곁에서 보기만 한다**는 뜻이에요.
간섭하지도 않고 돕지도 않고
그저 **그대로 내버려 두는 것**이지요.
자기와 상관없다는 듯 말이에요.
문제가 생겼을 때 수수방관만 하면 더 큰 위기가 닥칠 수 있어요.

28 약육강식 弱肉強食

약할 **약** 고기 **육** 강할 **강** 먹을 **식**

→ **약한 동물**의 고기는 **강한 동물**의 먹이가 된다는 뜻이에요.
힘센 자가 힘이 약한 자를 지배하고 희생시켜서
혼자 이득을 얻는다는 것이지요. 약육강식은 강한 동물이 살아남고
약한 동물이 희생되는 자연의 생존 법칙이에요.

알고 보면 자주 쓰이는 사자성어

29 역지사지 易地思之

바꿀 **역** 땅 **지** 생각 **사** 어조사 **지**

→ **처지를 바꾸어** 그의 입장에서 **생각**하라는 뜻이에요.

상대편의 처지나 입장에서 먼저 생각해 보고 이해하라는 것이지요.
친구와 말다툼을 하면 친구가 밉기도 하지만,
역지사지로 친구의 마음을 헤아려 보세요.

30 외유내강 外柔內剛

바깥 **외** 부드러울 **유** 안 **내** 굳셀 **강**

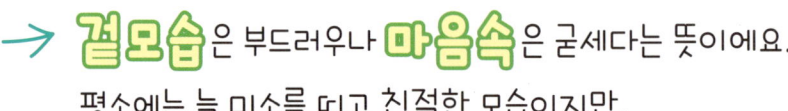

→ **겉모습**은 부드러우나 **마음속**은 굳세다는 뜻이에요.

평소에는 늘 미소를 띠고 친절한 모습이지만,
옳지 못한 일을 절대 봐주지 않는 것이지요.
외유내강인 사람은 무슨 일에든 신중해요.

31 유유상종 類類相從

무리 **유** 무리 **유** 서로 **상** 따를 **종**

→ **같은 무리**끼리 서로 따르며 **사귄다**는 뜻이에요.
비슷한 생각, 비슷한 취미, 비슷한 성격의 사람들이 서로 어울리며 친하게 지낸다는 것이지요. 유유상종이라고, 게임을 좋아하는 사람은 그런 사람끼리 모여 친구가 돼요.

32 인과응보 因果應報

원인 **인** 결과 **과** 응할 **응** 갚을 **보**

→ **원인**과 **결과**는 이유에 맞게 갚아진 것이라는 뜻이에요.
노력하면 노력한 대로, 게으름을 피우면 게으름을 피운 대로, 그에 응하는 결과가 나오기 마련이에요.
나쁜 짓을 한 사람이 벌을 받게 되는 게 바로 인과응보예요.

알고 보면 자주 쓰이는 사자성어

33 | 작심삼일 作心三日

지을 **작** 마음 **심** 석 **삼** 날 **일**

→ **결심**한 마음이 **삼 일**을 가지 못한다는 뜻이에요.
계획을 세우고 규칙을 정해 지키려고 굳게 마음을 먹었지만,
금세 시들해져 흐지부지되는 것이지요.
방학만 되면 규칙적인 생활을 하겠다고 다짐하지만,
작심삼일로 끝나는 경우가 많아요.

34 | 적반하장 賊反荷杖

도둑 **적** 도리어 **반** 멜 **하** 몽둥이 **장**

→ 도둑이 도리어 몽둥이를 든다는 뜻이에요.
자기가 **도둑**이면서 **주인 행세**를 하며
거꾸로 도둑을 잡겠다는 듯 말이에요.
잘못한 사람이 반성은커녕 오히려 잘한 사람을
나무라는 것이 적반하장이에요.

250

35 전화위복 轉禍爲福

싸우고 더 친해졌어요

바꿀 **전** 재앙 **화** 될 **위** 복 **복**

→ **화**가 바뀌어 **오히려 복**이 된다는 뜻이에요.
걱정스러운 일, 불행한 일이 새로운 기회가 되어
오히려 행복한 일이 될 수 있다는 것이에요.
친구와 크게 다툰 일이 전화위복이 되어
서로 더 잘 이해하는 사이가 될 수도 있어요.

36 주경야독 晝耕夜讀

낮 **주** 밭 갈 **경** 밤 **야** 읽을 **독**

→ 낮에는 밭을 갈고 밤에는 책을 읽는다는 뜻이에요.
옛날 가난한 선비들은 낮에는 농사짓고 밤에 공부했어요.
어려운 상황에서도 **공부**를 게을리하지 않은 거예요.
주경야독으로 공부하면 어떤 시험을 보아도 꼭 합격할 거예요.

알고 보면 자주 쓰이는 **사자성어**

37 | 천고마비 天高馬肥

하늘 **천** 높을 **고** 말 **마** 살찔 **비**

→ 하늘은 높고 말은 살찐다는 뜻이에요.
가을 날씨가 아주 좋아 활동하기도 좋다는 것이에요.
가을은 수확의 계절이라 먹을 것이 많아서 마음도 풍성해져요.
천고마비의 계절인 가을을 즐겨 보세요.

38 | 팔방미인 八方美人

여덟 **팔** 방향 **방** 아름다울 **미** 사람 **인**

→ 여러 방면에 뛰어난 사람이라는 뜻이에요.
'미인'은 외모가 아름다운 여성을 뜻하기도 하지만,
어떤 분야에서 성적이 우수한 사람을 뜻하기도 해요.
팔방미인은 재주가 많아서 여러 사람에게 인기가 좋아요.

39 풍비박산 風飛雹散

바람 **풍** 날 **비** 우박 **박** 흩어질 **산**

→ **바람**처럼 **날리고 우박**처럼 **흩어진다**는 뜻이에요.

태풍이 한번 휩쓸고 가면
나뭇가지가 부러지고, 지붕이 날아가고, 담이 허물어져 있지요.
부유했던 집안이 하루아침에 풍비박산 나기도 해요.

40 희로애락 喜怒哀樂

기쁠 **희** 성낼 **로** 슬플 **애** 즐거울 **락**

→ **기쁨**과 **노여움**과 **슬픔**과 **즐거움**이라는 뜻이에요.

이 네 가지 감정은 인간의 기본 감정이지요.
인간은 살면서 많은 일을 겪으며 이런저런 감정을 느껴요.
희로애락을 경험하며 우리의 마음은 점점 성숙해져요.

찾아보기

ㄱ

각주구검	36
간담상조	190
감언이설	234
개과천선	212
건곤일척	124
견문발검	80
견물생심	234
결초보은	14
경거망동	235
계륵	102
고진감래	235
곡학아세	58
과유불급	38
관포지교	192
괄목상대	168
교각살우	40
교언영색	60
교학상장	170
구밀복검	62
구사일생	236
구상유취	214
구우일모	104
군계일학	216
권선징악	236
권토중래	126
금상첨화	106
기사회생	128

ㄴ

난형난제	194
노심초사	16

ㄷ

다사다난	237
다재다능	237
대기만성	146
대동소이	238
도원결의	196
독서백편의자현	172
동고동락	238
동문서답	239
동병상련	18
동분서주	239
동상이몽	240
두문불출	82
득의양양	20
등용문	148
등화가친	174

ㅁ

마이동풍	84
막상막하	240
막역지우	198
망양지탄	22

맥수지탄	24
맹모삼천지교	176
명약관화	108
모순	86
무용지물	241
문경지교	200
문일지십	218
문전성시	110

ㅂ

박학다식	241
반포지효	26
배수진	130
배은망덕	242
백미	220
백발백중	242
부화뇌동	64
분골쇄신	150
비몽사몽	243

ㅅ

사면초가	132
사생결단	243
사이비	66
사족	42
산전수전	152
살신성인	244

254

삼고초려	28	유비무환	156	**ㅊ**		
삼삼오오	244	유유상종	249			
상전벽해	245	이심전심	204	천고마비	252	
새옹지마	245	이열치열	90	천리안	226	
설상가상	246	인과응보	249	철면피	228	
소탐대실	44	인자무적	224	청천벽력	140	
송구영신	246	일거양득	52	청출어람	184	
수수방관	247	일망타진	116	촌철살인	98	
수주대토	46	일장춘몽	158			
		임기응변	92	**ㅋ**		
ㅇ		입신양명	160			
				타산지석	162	
암중모색	68	**ㅈ**		토사구팽	74	
약육강식	247					
양상군자	222	자승자박	136	**ㅍ**		
양약고구	88	자포자기	94			
어부지리	48	작심삼일	250	파죽지세	142	
역지사지	248	적반하장	250	팔방미인	252	
연목구어	50	전전긍긍	32	풍비박산	253	
오리무중	112	전화위복	251			
오매불망	30	절차탁마	182	**ㅎ**		
오십보백보	114	점입가경	118			
오월동주	202	조삼모사	54	함흥차사	120	
온고지신	178	주경야독	251	형설지공	186	
와신상담	134	죽마고우	206	호가호위	76	
외유내강	248	중구난방	96	호연지기	230	
용두사미	70	지록위마	72	화룡점정	164	
우공이산	154	지음	208	희로애락	253	
위편삼절	180	지피지기	138